창조문학대표시인선 · 207

# 꿈꾸는 하늘

신영미 신앙시집

창조문학사

□ 시인의 말

세월이 흘러도 변치 않는 것이 있을까.
모든 것이 빠르게 변해 가는 복잡한 세상 속에서
흉내라도 내며 바쁘게 쫓아가는 것이
뒤쳐지지 않는 인생이라고 생각하는 이때에,
늘 변함없는 모습으로 제 자리를 지키며
단순하게 살아간다는 것이 결코 쉬운 일은 아니리라.
그러나 오늘도 변치 않는 그분만을 바라보며
그분을 내 안에 왕으로 모시고 살아갈 수만 있다면
우리들도 저 길목에 한 그루 소나무처럼 변함없이
내가 있어야 될 자리를 지키며
가야 할 길을 묵묵히 힘을 다해 걸어갈 수 있지 않을까

내가 가는 길에 만나는 아름다운 풍경이
어둠 속에 갇혀 있던 아픈 희망이
어느 순간, 내 삶에서 깊은 절망을 걷어내고
시의 고운 향기로 환히 꽃 피어난다.
내 시의 언어들이 시의 나래를 활짝 펼 때에
내가 만나는 모든 이들에게 예수님의 향기를 전해주고
그분의 그 풍성하신 사랑을 넘치도록 전해줄 수 있으리라

험한 폭풍우 속에서도
눈보라치는 들판에서도
끝이 보이지 않는 캄캄한 어둠 속에서도
어느 날 다시 따스한 봄햇살이 온 대지를 찬란히 비추고
부드러운 바람이 길섶마다 빈가지마다 파릇파릇 새순을 틔우듯,
이 하루도 내 사랑하는 주님이 쉬지 않고
사람들 메마른 가슴마다, 내 집 앞마당 빈뜰에도
향기로운 꽃들을 눈부시게 피워낼 것을
나는 오늘도 굳게 믿는다.

당신이 이곳에서 꿈꾸는 세상
나도 같이 꿈꾸며 또다시 이 길을 간다

**"이는 만물이 주에게서 나오고 주로 말미암고 주에게로 돌아감이라 그에게 영광이 세세에 있을지어다 아멘" (롬11:36)**

2012년 어느 가을에
신영미

# 차 례

□ 시인의 말 … 3

## 제1부 깨어 있으라

아무것도 아닌 것이 … 13
그가 아니면 … 14
내 백성이 … 15
인생 앞에서 … 17
멀리서도 … 18
단 한순간도 … 19
잠들지 않게 하소서 … 20
그날을 사모하라 … 22
그때에는 … 23
깨어 있으라 … 25
그날을 예비하라 … 26
절대 신앙으로 … 28
끝까지 이기는 자 … 30
이 길을 갈때 … 31
사람들 죄로 인해 … 33
날마다 … 35
지금도 나를 … 36
그 사랑 때문에 … 38

하나님이 나를 … 40
기쁨으로 주를 뵈오리 … 41
주님을 사랑합니다 … 42
멀리하라 … 44
기억하라 … 45
바라보아라 … 47
이 땅에 내주셨네 … 49
하나님의 사랑은 … 50
하나님이 불러주셨네 … 52
어떠한 일이 있어도 … 53
인간의 끝은 … 54
다르게 하셨네 … 55
하나님이 주셔야 … 56
이 세상에 … 58
감사하게 하소서 … 60
행복한 사람 … 61
똑같은 일상 속에서 … 62

## 제2부 친구가 되어 주셨네

내 영혼의 깊은 곳에 … 67
주님께 자기 인생을 거는 자 … 68
주님밖에 없네 … 69
바꾸실 분은 … 70
끝까지 이 길을 가라 … 72
지금 이 순간에도 … 74
말의 힘 … 77
반드시 기억하라 … 80
시험에 걸려 넘어질 때 … 83
세상의 무엇과도 … 84
진실한 나의 친구 … 85
새로운 피조물이 되었네 … 86
내 안에 믿음이 있는가 … 87
하나님이 나를 사랑하셨네 … 89
나로 하여금 … 92
깊은 어둠 속에서 … 94
진리는 … 95
예수님 내 안에 … 96

예수님은 … 98
눈에 보이는 것이 … 100
먼저 기도하게 하소서 … 103
기도가 필요하네 … 105
그 십자가가 … 106
십자가를 진다는 건 … 108
우리 인생은 … 110
고난 속에서 … 111
용서하라 … 112
주야로 매일 … 114
그러므로 인간은 누구나 … 116
화평케 하는 자가 … 118
난 진정으로 … 119
나 이제야 만났네 … 121
깨어져야 하리 … 123
네 죄의 무거운 짐을 … 124
당신을 따라가네 … 125
친구가 되어주셨네 … 127

## 제3부 기름을 준비하라

기름이 없으면 … 131
교만치 말라 … 132
주님은 … 134
열리게 하소서 … 136
주님 말씀하시네 … 137
내가 선 그곳에서 … 139
먼저 해야 될 일이 있네 … 140
내 심령은 지금 … 141
다시 불일듯하게 하소서 … 143
하나님의 정하신 때가 이르면 … 145
인생의 폭풍우 앞에서 … 146
절망은 없네 … 148
이정표 … 149
마지막 때가 가까웠으니 … 150
내 십자가가 무거운 것은 … 151
지금 오셔서 … 152
어떻게 하면 … 153
벗어버리게 하소서 … 154

내 안의 성령님을 … 156
감사하네 … 157
감사할 줄 아는 자가 … 158
오늘 하루도 … 159
지나간 시간은 … 160
온유한 자가 … 161
시험이 올 때마다 … 162
어린아이와 같이 … 164
고난이 유익이라 … 166
성도가 된다는 것은 … 167
진흙이 … 168
꿈을 향해 … 169
평등합니다 … 170
돌아보니 … 171
사명의 삶을 살게 하소서 … 173
가야 할 목적지가 있네 … 175

□ **해설** / 절대가치, 절대신앙의 시학 · 이영지 · … 176

# 제 1 부

# 깨어 있으라

# 아무것도 아닌 것이

아무것도
아무것도 아닌 것이
나 무엇인 줄 알고 살았네

티끌만도
벌레만도 못한 내가
무엇인 줄 알고 뽐내며
이제껏 살아왔네

내 안에 있는 것이라곤
티끌만도 벌레만도 못한
죄로 가득한 내 자아와
회칠한 무덤과 같은
더러운 나의 의

나로 가득 찬 내 자아가
내 눈을 가리우고
내 귀를 막아서
죄가 죄인 줄 모르고
착각하며 살게 하였네

아무것도
아무것도 아닌 것이
나 무엇인 줄 알고 살았네

# 그가 아니면

그가 아니면
난 아무것도 아니고
그가 아니면
난 그 무엇도 되지 못하네

그의 속삭임으로만
나는 나일 수 있고
그가 내 안에 있을 때에야
내가 비로소
이 땅에 존재하게 되네

아무것도 아닌 나를
하나님이 거룩한 피로 값 주고
나를 사서

내게 생명 주시고
나를 자녀 삼으시고
나를 일꾼 세우셔서
영원한 나라
천국 백성 되게 하셨네

# 내 백성이

내 백성이
입으로는 나를 가까이 하고
입술로는 나를 공경하나
그 마음은 내게서 멀구나

나는 제사를 원하지 않고
인애를 원하며
나는 번제를 원하지 않고
나를 아는 것을 원한단다

지금
죄로 인해 딱딱하게
굳어져 버린 내 생각과
내 마음과
내 편견의 묵은 땅을
주님의 말씀으로 기경해야 하네

신앙이라는 이름으로
하나님이 기뻐하시지 않는
형식적이고
자기 만족의 제사를 드리고 있는

가증한 내 삶의 더러운 옷을
이 시간 훌훌 다 벗어서
성령의 불로 태워버려야 하네
주님의 보혈로 내 몸을 덮어서
날 새롭게 해야 하네

입술로는 매일 하나님을 시인하나
행위로는 늘 하나님을 부인하니
나는 멸망받을 자요
음부에 빠질 자라

그러한 나를 오늘도
당신의 긍휼과 은혜로 덮으시고
크신 사랑으로 또 인도해 주시니
당신은 영원한 나의 아버지
나는 그의 자녀라

## 인생 앞에서

그림자처럼
덧없이 사라질 인생 앞에서
하나님 없이도 살아갈 자 있는가

풀처럼 마르고
꽃처럼 금방 시들을 인생 앞에서
내일 일을 자랑하며 살아갈 자 누군가

하나님은 우리의 창조자 되시니
그분 안에 있을 때에야
나 비로소 영원한 생명을 얻게 되네

자기 힘만으로도 무슨 일이든
다할 수 있다고 생각하는 자
세상과 물질을 따라가는 자
그는 결코
하늘나라 유업을 받지 못하네

홀연히 다 사라질 것들을 붙잡고
영원한 것들을 놓쳐버리는
그런 어리석은 자가 되지 않게 하소서

# 멀리서도

하나님은 내가 기대하는 방식과
전혀 다른 방법으로
내 길을 인도하시네

나의 앉고 일어섬을 아시며
멀리서도 내 생각을 아시고
내 모든 길과
내가 눕는 것과
내 머리카락 한 올까지
다 세고 계시니

끝 모를 어둠이
내 앞을 가로막고
폭풍우 속에
내가 갈 길을 잃을지라도
나는 두려워하지 않네

주의 눈이 날 항상 살펴보시고
주의 손이 날 항상 인도하시며
끝까지 날 붙들고 계시니
내가 그 무엇을 무서워하랴

주님이 언제나 나와 함께하시네

## 단 한순간도

나 주님 없이는
단 한순간도 살아갈 수 없네

날마다
주님만 바라보고
주님만 의지하고
주님만 신뢰하며
살아가고 있네

내가
불 가운데로 지날 때에도
물 가운데로 지날 때에도
내가 호흡하는 매순간마다
주님 나와 함께하시니

내가 오늘도
흔들리지 않고 견고히
이 길을 걸을 수 있는 이유는
주님이 내 안에 계시기 때문이라

나 주님 없이는
단 한순간도 살아갈 수가 없네

# 잠들지 않게 하소서

잠들지 않게 하소서
깨어 있게 하소서
다시 일어나게 하소서
한밤중에
도적같이 오실
주님의 날을 예비하게 하소서

잉태된 여인에게
해산의 고통이 이름같이
그날이 속히 오리니
깨어 있어
주의 날을 준비하게 하소서

평안하다 안전하다 할 그때에
주님 다시 오시리니
곧 오실 주님의 길을
예비하게 하소서

시대를 분별하고
시대의 징조를 읽을 수 있는
영의 눈을 열어주시고
영의 귀를 열어주소서

마음 문을 활짝 열어서
말씀을 깨달아 알게 하소서
마라나타의 신앙으로
오늘 하루도
깨어 살게 하소서

# 그날을 사모하라

너는
하나님의 날이 임하기를 바라보고
그날을 간절히 사모하라

내가 거룩하니
너도 거룩하라

그날을 예비하고 있으라
주께서 호령과 천사장의 소리와
하나님의 나팔 소리로
친히 강림하시리니

너는 주의 길을 예비하라
왕의 대로를 활짝 열어
그분을 맞이하라
그분을 맞이하라

## 그때에는

그때에는
불법이 성하며
사랑이 식어지며
돈을 사랑하며
감사치 아니하며
거룩하지 아니하며
선한 것을 좇지 않으리니

많은 사람들이
경건의 모양만 있고
경건의 능력은 없구나

그때에는
더러운 것들이
하나님의 성전 안에 서며
온갖 우상들이
하나님의 성전 위에 서리라

너는 거기서 나와 따로 있으라
첫사랑을 회복하라
네 믿음을 다시 회복하라
차갑든지 뜨겁든지 하여
널 새롭게 하라

회칠한 무덤과 같은
네 인생에서 걸어나오라
그렇지 않으면
내가 너를 토하여 내치리라

# 깨어 있으라

너는 내 인내의 말씀을 지켜라
비가 오나
눈이 오나
폭풍우가 몰아쳐도
묵묵히 네가 가야 할 길을 가고
네가 있어야 될 자리를 지키며
네가 해야 될 일에 온 힘을 다하여라

가시와 엉겅퀴 같은 세상
악을 버리고 선을 택하라
하나님의 말씀을 깊이 마음에 새기고
너는 나를 따르라

내가 장차 온 세상을 심판할 때
그 모든 환난을 능히 피하고
내 앞에 서도록
네 몸과 네 영혼을 깨끗이 하고
신실함으로 나의 길을 달려가라

오직 나에게만 네 얼굴을 향하고
내 나라만 바라보며
마음을 굳게 하여
항상 기도로 깨어 있으라

# 그날을 예비하라

악한 종들은
주인이 더디 오리라 하네
말세에
정욕을 좇는 자들은
주의 강림하신다는 말이 어디 있느냐
조롱하며 손가락질하네

노아의 때와 같이
롯의 때와 같이
시집가고 장가가고
사고 팔고 심고 세우며
이 세상 일에만 분주하고 바쁘네

그러다가
술취함과 방탕함과
생활의 염려로 인하여
마음이 둔하여져서
그의 길을 예비하지 못하면
그날이 덫과 같이 임할 때
주님 뵈옵지 못하네

거룩함과
정결함을 따르는 자만이
그 나라에 들어갈 수 있네

어느 때에
우리 주님 오실지
아무도 알지 못하니
그러므로 너는 항상 깨어 있어
엎드려
주님 오실 길 예비하라

# 절대 신앙으로

노아는
백이십 년 동안을
사람들의 조롱과 멸시를 받으면서도
믿음으로 구원의 방주를 예비하였네

아브라함은
백세에 얻은 독자 이삭을
자기 목숨보다도 더 귀한 그 아들을
하나님 말씀에 순종하여
아낌없이 하나님께 드렸네

초대교회 이만 여 명의 성도들은
냄새나고 더러운 카타콤의
지하 무덤 속에서
목숨을 걸고 신앙의 절개를 지켰고
수많은 성도들이 콜로세움 광장에서
그 믿음 때문에 형장의 이슬로 사라져 갔네

나는 지금 어떤 모습으로
주님 앞에 서 있는가
라오디게아 교회 성도들처럼
나의 부요와 평안함과 신앙의 자유만을 자랑하며

이것이 하나님의 축복이라고 외치며
눈을 열어 보지 못하고
차갑지도 뜨겁지도 않는 미지근한 신앙으로
벗은 수치를 가리우지 못한 부끄러운 신앙으로
그분 앞에 서 있지는 않은가
첫사랑을 잃어버린 채
허울뿐인 신앙생활을 하고 있지는 않은가

언제 어디서나
생명을 건
절대 신앙
순교자의 신앙으로
오늘 내가 새롭게 되기 원하네

주님의 십자가 내 안에 있는가
예수 그리스도 진정 내 안에 있는가
하나님 내 안에 지금 살아 계신가

## 끝까지 이기는 자

내가 사는 매순간마다
끝까지 이기는 자 되게 하소서

내가 홀로
눈물의 골짜기를 걸어갈 때
고난의 뜨거운 풀무길을 지나갈 때

그 고난 속에서
내가 더욱 깨끗해지며
정금 같은 믿음으로
더 주님의 모습 닮아가게 하소서

피할 수 없는 그 고난 앞에서
내가 오늘도 기뻐하는 이유는
고난이 내게 생명줄이라

그 고난 속에서
내가 더욱 감사하는 이유는
내가 거기서 주님을 만나고
주님의 뜻 안에 거하기 때문이라

내가 사는 매순간마다
끝까지 이기는 자 되게 하소서

# 이 길을 갈 때

이천 년 전
초대교회 성도들이 그랬던 것처럼
오늘 하루도
부활의 신앙
재림의 신앙
종말의 신앙으로
힘을 다해
남은 이 길을 달려가게 하소서

내가 부활의 신앙으로 살아갈 때
내 삶이 좀더 순결해지고
내가 재림의 신앙으로 살아갈 때
내 영혼이 좀더 깨끗해지며
내가 종말의 신앙으로 살아갈 때
내 믿음이 좀더 신실해지네

진실한 신앙
반석 위에 선 그 믿음으로
내가 오늘도
주의 영광을 위해 살고
주의 영광을 위해 죽게 하소서

들풀처럼 날 항상 흔들어 깨워서
순결한 신앙
깨끗한 신앙
신실한 신앙 지켜가게 하소서

주님 언제든 나 부르실 때
기쁨으로 주님 앞에 설 수 있도록
오늘 하루가 마지막 날처럼
지금 내가 하고 있는 일이 영원한 일처럼
맡겨주신 사명에 늘 최선을 다하게 하소서

# 사람들 죄로 인해

사람들 죄로 인해
어두워서 그 사랑 알아보지 못했네
메시야로 오신 예수님
채찍질하고 조롱하며 멸시하였네

사람들 죄로 인해
어두워서 그 사랑 깨닫지 못했네
구원자로 오신 예수님
그 머리에 가시관을 씌웠네

사람들 죄로 인해
어두워서 그 사랑 만나지 못했네
하나님의 아들 예수님
그 두 손과 발을 십자가에 못박았네

만유의 주 예수님이
만왕의 왕 예수님이
나의 죄를 다 지고
말없이
그 험한 십자가의 길을 걸어가셨네

나를 향한 하나님의 그 사랑이
하나밖에 없는 외아들을
이 세상에 내주었네

사람들
그 십자가에서
세상에서 만나지 못한
놀라운 사랑 만났네

# 날마다

날마다
넘어지고 실족하며
죄 가운데 살아가니
나는 죄인 중에 가장 큰 죄인이라

거룩하신 주님
자비하신 주님
전능하신 주님

그 이름 앞에
나 오늘도
눈물로 엎드리네

나의 주
나의 하나님
나를 용서하소서
나는 죄인입니다
나를 불쌍히 여기소서

나 오늘도
주 달리신
그 십자가 앞에
나의 두 무릎을 꿇네
그 사랑 앞에
내가 또 목이 메이네

# 지금도 나를

세상을 창조하신 하나님
지금도 내 안에 나를
새롭게 창조해 가시네

거칠고 황무한 땅을 개간하여
옥토로 만들어가듯
죄로 딱딱하게 굳어진 내 심령을
주님의 말씀으로 기경하시네

나의 아름다운 말과
이루어 놓은 화려한 업적과
이웃에게 행한 착한 행실이
날 구원해 주지 못하고
오직 하늘 아버지의 뜻대로
행할 때 내가 구원을 받네

사탄은 광명한 천사처럼 위장하여
날 잘못된 길로 이끌어가니
하나님은 나의 형식적인 신앙생활과
향기 없는 꽃 같은
내 삶을 가증히 여기시네

하나님은 오늘도 내게
무엇을 말하느냐
무엇을 행하느냐를 묻지 않으시고
내 안에 예수님이 계신가
그 예수님의 향기가
내 삶을 가득히 채우고 있는가를
보고 계시네

# 그 사랑 때문에

아주 먼 길을 돌아서
여기까지 왔네
오래 참고 기다리시는
당신의 사랑이 아니면
올 수 없었던 길

끝까지 포기하지 않으시는
당신의 눈물이 아니면
찾을 수 없었던 행복

당신의 한없는
그 사랑 때문에
내가 이 자리에 서 있네

이제는
나도 당신의 그 사랑으로
당신이 걸어온
그 길을 따라가려 하네

때론 포기하고 싶고
그만 내려놓고 싶을 때에도
당신은 결코
가던 길을 멈추지 않고
내 손을 놓지 않았던 것처럼

나도 당신의 마음으로 그렇게
당신이 찾고 계시는
천하보다 귀한 한 영혼을
당신께로 인도하기 원하네

# 하나님이 나를

하나님이 항상 나를 인도하셨습니다
살아온 어느 한 순간도
주님 내 곁을 떠나신 적 없습니다

하나님이 나를 이곳으로 인도하셨습니다
내 모든 삶이
그분의 뜻과 계획 가운데 있었습니다

나를 당신의 일꾼으로 세우시기 위해
나를 복음의 도구로 사용하기 원하여
하나님이 나를 여기까지 인도하셨습니다

내가 항상 하나님 안에 있음이 감사합니다
이제 나의 남은 날들도
주님 나를 한시도 떠나지 않기를 기도 드립니다

## 기쁨으로 주를 뵈오리

나의 영원한 처소가 되시는 주님

내가 주께로부터 받은
은혜와 사랑을
갚을 길이 없나이다

내 마음에 시온의 대로를 열어주시어
내가 항상 내 눈을 주께로 향하고
주님 계신 성소로 달려가게 하소서

나로 늘 깨닫게 하시고
말씀을 잊지 않고 준행하여
주의 법이 곧 나의 법이 되게 하소서

내가 성실로써
주의 말씀을 내 발 앞에 두겠나이다

육신의 장막을 벗는 날
나 기쁨으로 주를 뵈옵게 하소서

# 주님을 사랑합니다

주님 사랑합니다
주님 사랑합니다
주님 사랑합니다

당신이 나를 사랑하는
천만분의 일도
아니 그 흉내조차 낼 수 없지만
온 힘 다해
나는 오늘도 당신을 사랑합니다

주님 감사합니다
주님 감사합니다
주님 감사합니다

당신이 내게 베푸신 그 은혜에
천만분의 일도
다 갚을 수 없지만
내 생명 다하여
나는 오늘도 당신께 감사드립니다

주님 찬양합니다
주님 찬양합니다
주님 찬양합니다

세상을 다 준다 해도
바꿀 수 없는 그 이름
예수 그리스도, 내 주님을
온 맘 다해
나는 오늘도 당신을 찬양합니다

# 멀리하라

사람들의 인정과 칭찬과 환호를 멀리하라
사람들을 떠나서 하나님 앞에 홀로 서라

하나님은 결과를 보시지 않고
네 안에 숨은 동기와 과정을 보시는 분이니

너는 세상이 추구하는
부와 명예와 높은 지식을 좇아가지 말라

그곳엔 결코 하나님이 계시지 않으니
좁은 문 좁은 길로 나아가라

고아와 과부 나그네를 불쌍히 여겨라
십자가의 길로 내려가라

주님의 남은 고난을 네 잔에 가득 채워라

# 기억하라

기억하라
네 지위가 높아질수록
너는 더 낮은 데로
내려가라
이것만이 네가 살 길이란다

루시퍼를 보아라
아담을 보아라

자신의 능력과 아름다움에 반해
하나님과 같아지려고 하고
자기를 드러내고 높이려고 하는 마음이
하나님이 싫어하시는
교만이며 악한 죄란다

노아를 보아라
욥을 보아라

조롱과 멸시 속에서도
말씀에 순종하여
묵묵히 백이십 년 동안 방주를 지었고
가진 것 다 잃었어도
끝까지 하나님께 범죄치 않았단다

기억하라
높고 화려한 곳을 바라보지 말고
낮은 데로 내려가
그들과 함께 살아라

그곳에 네 생명의 길이 있단다
그곳에 네 면류관이 있단다

## 바라보아라

다윗을 바라보아라
가시덩굴 우거진 삶 속에서도
시와 찬미로
날마다 하나님을 높이며
하나님 마음에 합한 자로 살았던
그 다윗을 바라보아라

바울을 바라보아라
복음 때문에 채찍과 죽음과
배고픔과 절망 속에서도
뜨겁게 사명의 길을 걸었던
그 바울을 바라보아라

예수님을 바라보아라
하나님이신 그분이 스스로 낮아져
고난과 멸시 가운데서도
비천한 인간의 몸을 입으시고
골고다 길로 오르신
그 예수님을 바라보아라

십자가를 바라보아라
세상의 왕이신 그분이
모든 권세와 영광을 다 버리고
오직 하늘 아버지의 뜻을 이뤄드리기 위해

저주의 나무에 달리시고
마침내 하나님이 이 땅에 부르신
그 부름에 합한 삶을 살다 가신
주님의 그 십자가를 바라보아라

# 이 땅에 내주셨네

하나님의
그 사랑을 어찌 다 갚을 수 있을까
그 은혜를 어찌 다 갚을 수 있을까

하나님이 세상을 너무나 사랑하셔서
하나밖에 없는 그 외아들을
이 땅에 내어주셨네

하나님의
그 사랑을 어찌 잊을 수 있을까
그 은혜를 어찌 잊을 수 있을까

피눈물 나는
그 사랑을 받을 자격이 내게 있는가
온 땅과 하늘을 진동시켰던
그 은혜를 받을 자격이 내게 있는가

하나님의
갚을 수 없는 그 사랑 때문에
잊을 수 없는 그 은혜 때문에
오늘도 내가 사네

당신의 뜨거운
그 사랑 때문에
그 은혜 때문에

# 하나님의 사랑은

자식이
부모 마음을
다 헤아릴 수 없듯이

우리들도
하나님의 마음을
다 헤아릴 수 없네

자식에 대한 부모 사랑은
바다보다 깊고 넓어서
그 자녀가 따라갈 수 없듯이

우리들도
하늘보다 크고 높은
하나님의 사랑을
따라갈 수 없네

자식을 향한
부모님의 사랑은
주고 또 주는 사랑

우리를 향한
하나님의 사랑은
생명까지도
아낌없이 내어주시는
영원한 사랑이라

하나님은 내 아버지
나는 그의 자녀라

# 하나님이 불러주셨네

하나님이
아름다운 하나님 나라로
나를 불러주셨네

그곳에는
영원한 생명이 있고

그곳에는
영원한 기쁨이 있고

그곳에는
영원한 행복이 있네

하나님이
아름다운 하나님 나라로
나를 불러주셨네

# 어떠한 일이 있어도

어떠한 일이 있어도
하나님은 우리를 포기하지 않으십니다

그러므로 나도
끝까지 하나님을 붙잡게 하소서

어떠한 일이 있어도
하나님은 우리를 계속 사랑하십니다

그러므로 나도
끝까지 하나님을 사랑하게 하소서

어떠한 일이 있어도
하나님은 자기 백성을 구원하십니다

그러므로 나도
비바람이 앞을 가로막고
눈보라가 앞을 막아도
끝까지
주님의 복음 전파하게 하소서

## 인간의 끝은

인간의 끝은
하나님의 시작입니다

깊은 밤이 지나야
새벽이 찾아오듯

절망의 끝자락도
하나님이 함께하시면
소망의 시작이 됩니다

다만
우리의 순종을 통해
기적을 일으킬 수 있으니

누구나 할 수 있는 일로는
하나님의 보좌를 움직일 수 없습니다

오직 믿음과 소망으로
남이 하지 않는 일을 하고
남이 가지 않는 길을 찾아서 갈 때

남이 받지 못한
큰 은혜를 누리게 됩니다

# 다르게 하셨네

하나님이 세상과 나를 다르게 하셨으나
나는 자꾸만 세상과 같아지려고 하네

예수 그리스도 안에 있으면 새로운 피조물이라
이제 그분만을 주로 모셨으니
세상과 구별된 거룩한 삶을 살아가야 하네

내 육체를 십자가에 못박고
매일매일 나를 쳐 복종시킴으로
내 몸을 거룩한 산제물로 주님께 드려야 하네

하나님은 거룩하신 분이니
그의 자녀인 나도
정결하고 깨끗한 삶을 살아가는 것이 마땅하네

오늘 하루도
눈에 보이는 이 세상이 나의 주인이 되어
하나님과 무관한 허탄한 인생을 살아가지 않도록
주여, 나를 도와주소서

# 하나님이 주셔야

많은 사람들이
성 높은 데로 올라가
머얼리 자기 이름을 내고
자기 이름을 높이고
자기 이름을 전하기 위해
자신만의 바벨탑을 쌓고 있으나
나의 바벨탑을 무너뜨리지 않고는
그 누구도
하나님의 은혜 경험할 수 없네

하나님이 지키시지 않으면
파수꾼의 경성함이 허사이고
하나님이 세우시지 않으면
성을 세우는 자의 수고가 다 헛된 것이니
하나님이 나를 높여 주셔야
내가 높아질 수 있고
하나님이 내게 주셔야
나 가질 수 있네

사람이 만일 온 천하를 얻고도
자기 목숨을 잃으면
무슨 유익이 있을까
세상에서는 가난하나
예수 그리스도 안에 있는 자
그가 모든 것을 다 가진 자라

## 이 세상에

이 세상에 선과 악을 결정하실 수 있는 분
삶과 죽음
존재와 소멸을 정하실 수 있는 분은
오직 여호와 한 분뿐이라

삶의 슬픔과 곤고에서 놓여
세상이 줄 수 없는
참평안과 쉼을 줄 수 있는 분 또한
오직 여호와 한분이라

때론 넘을 수 없는 세상의 벽 앞에서
그분의 생각과 계획과 경영하시는 일들이
내 눈에 불합리해 보이고
이해할 수 없고
도저히 불가능해 보여도
나의 낡고 녹슬은
오래된 내 생각과 내 경험과
묵은 내 지식과 내 고집을 내려놓을 때
내가 비로소
삶의 새로운 지평을 열어 보게 되네

하나님만 바라보고
하나님만 순종하고
하나님만 신뢰하며
그분을 내 인생의 주인으로 모실 때
실타래처럼 얽힌 내 문제를 풀 수 있고
주님께로 더 가까이 나아가게 되며
내가 보다 온전한 모습으로
주님 뜻 안에 설 수 있네

# 감사하게 하소서

주님이 값없이 내게 주신 것들의
소중함을 알고
늘 감사하며 살게 하소서
그런데 정작 가치 있고 소중한 것들은
주님께로부터 거저 받은 것이니
내 주위에 흔하게 있는
빛과 공기와 물과 같은 것들
그 외에도 내게 주신
눈물겨운 내 삶이 그러하네
나는 자주 그것들의 소중함을 잊어버리고
원망과 불평으로 하루하루를 살아갈 때가 많네
그것의 가치는
돈이나 그 무엇으로도 계산할 수 없으니
아무 대가 없이 하나님이 거저
나에게 주신 것이라
하나님이 내게 주신 선물
그 소중한 것들의 참가치를 알고
사랑으로 보살피고 가꾸고
정성껏 일궈나가는 일이
내가 해야 할 일이라
여기에 나의 생명이 있고
나의 미래가 있고
나의 꿈이 있지 않은가

## 행복한 사람

이 땅 어딘가에
돌아갈 집이 있고
날 찾는 사람이 있고
보고픈 사람이 있고
날 그리워해줄 사람이 있고
힘들고 외로울 때
함께 울어줄 친구가 있고
때론 내가 누군가의 위로가 되고
사랑하는 소중한 사람이 있고
날 사랑해 주는 사람이 있고
오늘도 해야 할 일이 있고
날 필요로 하는 곳이 있고
내가 가야 할 곳이 있고
분명한 삶의 동기와
삶의 방향과 삶의 목적지가 있고
나를 창조하신 하나님이 내 안에 계시고
그의 아들 예수 그리스도의
십자가의 사랑 안에 내가 거하고
매순간마다 그분과 동행하며
그의 길로 행하고
오늘도 영원한 하늘 나라에 대한 소망으로
내가 또 하루를 살고 있다면
누가 뭐래도
나는 행복한 사람이다

# 똑같은 일상 속에서

매일 똑같이 반복되는
지루한 일상 속에서
새로운 기대와 설레임과 꿈을 가지고
또 하루를 맞이할 수 있다면

해결되지 않은 크고 작은 문제들 앞에서
지치고 낙망하며
미처 치유받지 못한 상처와
내일 일을 알 수 없어
염려와 불안으로
삶의 깊은 한숨을 내쉬며
남몰래 눈물을 훔칠 때

내가 가는 그 치열한 인생길에서
마주한 사람들과의
잠시 스쳐가는 만남을 통해
또는 누군가를 위해
땀 흘려 일하는 동안 느끼는
사소한 즐거움이 내 안에 있다면
그 하나만으로도
난 오늘 하루를
또 감사함으로 기쁘게 살아가야 하리

주님과 동행하면서 맛보는
달콤한 행복이 내 안에 있는가

제 2 부

# 친구가 되어 주셨네

# 내 영혼의 깊은 곳에

내 영혼의 깊은 곳에
마르지 않는
샘 하나 있네

퍼고 또 퍼올려도
자꾸 샘솟아나는
샘 하나 있네

하나님이
맑고 고요한
샘 하나 내게 주셨네

예수 그리스도
내 안에 계시니
내 삶에 항상
생수의 강이 넘쳐 흐르네

# 주님께 자기 인생을 거는 자

주님께 자기 인생을 거는 자
평범한 자가
특별한 삶을 살게 되네

주님께 자기 인생을 거는 자
연약한 자가
강인한 삶을 살게 되네

주님께 자기 인생을 거는 자
절망 가운데 있는 자가
소망의 삶을 살게 되네

주님께 자기 인생을 거는 자
비천한 자가
존귀한 삶을 살게 되네

주님께 자기 인생을 거는 자
이 땅에서는 가난하나
천국에서는 가장 부요한 자가 되네

주님께 자기 인생을 거는 자
보잘것없는 자가
가장 영광스러운 삶을 살게 되네

# 주님밖에 없네

우리의 상한 마음을
치료하실 분은
주님밖에 없네

내 마음 속에서
미움의 가시덤불을 제거하실 분은
주님밖에 없네

우리의 갈급한 심령을
마르지 않는 생수로 채워주실 분은
주님밖에 없네

우리의 단절된 삶을
회복시키실 분은
주님밖에 없네

우리의 무너져 내린 삶의 망대를
다시 일으켜 세우실 분은
주님밖에 없네

욕심과 탐욕과 시기심의 잡초로 우거진
내 마음 밭을 기경하여
옥토로 만드실 분은
주님밖에 없네

## 바꾸실 분은

내 눈물을 웃음으로
불평을 감사로 바꾸실 분은
주 예수 그리스도뿐이라

내 절망을 희망으로
치욕을 영광으로 바꾸실 분은
주 예수 그리스도뿐이라

내 마음속 미움을 사랑으로
탄식을 찬송으로 바꾸실 분은
주 예수 그리스도뿐이라

나의 결핍을 풍요로움으로
사망을 생명으로 바꾸실 분은
주 예수 그리스도뿐이라

나의 낡고 오래된 관습의 옷을 벗고
새사람으로 옷 입혀 주실 분은
주 예수 그리스도뿐이라

오로지 나를 위한 삶에서
남을 위한 희생의 삶으로 바꾸실 분은
주 예수 그리스도뿐이라

나의 염려와 시름을 내려놓고
내 삶을 기쁨과 소망으로 띠 띠우실 분은
오직 주 예수 그리스도뿐이라

## 끝까지 이 길을 가라

삶이 슬프고 힘들어도
맘이 괴롭고 고통스러워도
포기하지 말고 끝까지 이 길을 가라

아무것도 눈 앞에 보이는 것 없고
늘 똑같은 일상의 반복일지라도
인내로써 끝까지 이 길을 가라

높고 화려한 곳만 바라보지 말고
낮고 보잘것없는 데
더 관심 주고
사랑을 베풀고 살아라

네가 가는 이 길 끝에서
그분을 만날 때
기쁨으로 주 뵈올 수 있도록
날마다 그분을 기대하고
그분이 기대하시는 삶을 살아가라

죄가 죄인 줄 모르고
어둠을 빛으로 바꾸고
쓴 것을 단것으로 바꾸고
소중한 일을 하찮은 일로 바꾸어 버리고
사소한 일에 목숨을 거는
캄캄한 이 시대에

그 불의에 편승하여
무지하고 어리석은 자로 살아서
때늦은 후회로 가슴 치지 않도록
너 지금, 시대의 잠을 깨우는
순결한 영혼 갖게 되기를

# 지금 이 순간에도

하나님이 내 인생을 아름답게 수놓고 계셨네
그땐 잘 몰랐네
내게 왜 이런 일이 일어났는지
내가 왜 계속 이 캄캄한 어둠 속에 갇혀 있어야 하는지
도무지 이해할 수 없었네

내가 기대하는 방식과 다르게 일하시는 하나님
때로는 나도 모르게
안개와 같은 세상을 바라보고
그것을 의지하고 따라가다가
세상이 무너지는 아픔 속에서
삶의 절망 속에서
주님의 따스한 음성을 듣네
"안심하라 내니 두려워하지 말라"
오늘도 믿음 없는 내게
주님 거듭 말씀하시네

뒤를 돌아보니
내가 걸어온 그 자리마다
내 발자국은 어디 가고
주님의 발자국만 선명하게 찍혀 있네
삶의 벼랑 끝에서 낙심하고 절망할 때

세상에 나 홀로 있다고 느낄 때
주님 항상 나와 함께 하시며
내 오른손을 붙들고 계셨네

내가 그 눈물의 자리에 서 있지 않고는
그 고난의 깊은 골짜기를 지나가지 않고는
주님께로 닿을 수 없었던 걸 이제야 알겠네
아픔 속에서도 내가 실망하지 않고
기대와 설레임으로
오늘 또 하루를 살 수 있는 건
주님이 지금 이 순간에도
나의 길을 인도하고 계시기 때문이라
그러므로 내가 해야 할 일은
주님께 나를 온전히 맡기고
그와 동행하는 삶을 사는 것이라

아주 먼 옛날에도 그랬고
현재에도 그렇듯이
아주 먼 미래에도
어느 날 내 인생을 돌아보며
오늘처럼 환히 미소지을 날이 올 것을
난 굳게 믿고 있네

폭풍우 속에서 긴 광야 길을 걸어갈 때
나와 함께하신 그 하나님을 기억하며
그때도 지금처럼 그분 앞에 눈물로 엎드려
찬양과 경배와 감사로
영광 돌리게 되리라

주님이 지금 이 순간에도
나를 조용히 감찰하시며
내 인생을 아름답게 수놓고 계시네

# 말의 힘

네가 말하는 대로
내 귀에 들리는 대로
그대로 시행하리라

나는 내 삶 속에 얼마나 많은
긍정적인 말
사랑의 말
격려의 말
위로의 말
섬김의 말
소망의 말을 뿌리고 있는가

하나님이 천지를
말씀으로 창조하셨으니
우리의 사소한 말 한 마디에도
창조의 능력이 있네

난 오늘도 내 삶에
어떤 말의 씨앗을
뿌리며 살고 있는가
분명코 내가 심은 대로 거두리니
내가 뿌린 말의 열매를
언젠가 내가 그대로 먹고 살아가네

잘 가꾸지 않아도
내 삶에서 잡초와 같이 무성하게 자라는
부정적인 말
불평하는 말
원망하는 말
비난하는 말
시기하는 말
미워하는 말
험담하는 말은 다 거두어서
성령의 불로 태워버려야 하네

이제는
내 마음 깊은 곳에 자리잡은
어둠의 쓴뿌리를 뽑아내고
하나님이 기뻐하시고
그분께 영광 돌리는
밝고 빛나는 말 한마디를 골라
내 삶의 텃밭에 뿌려서
잘 가꾸고 보살펴야겠네

나의 작은 말 한마디로
주위의 수많은 사람들이
살기도 하고 죽기도 하며
풍요롭고 비천한 인생을 살게 되니
말에 실수가 없는 자가
온전한 지라
주님 말씀하시네

내 삶에 무심코 뿌린
말 한마디가
너와 내 인생을 만들어가네

## 반드시 기억하라

나는 어디서 와서 어디로 가는가
무엇을 위해 이토록 치열한 삶을 살고 있는가
내 죄로 인해 끊임없이 누군가를 상처 주고
나 또한 상처받으며
지나온 삶의 길목마다
아픔과 상실을 켜켜이 쌓아놓고
이 하루를 또 견디고 있는가

어떤 이는
잡히지 않는 부와 명예를 찾아
신기루 같은 사람들의 칭찬과 환호를 좇아
오늘보다 더 나은 세상
편안하고 안전한 내일을 꿈꾸며
그 허망한 인생에 목숨을 걸다가
이내 한줌 흙으로 돌아가고

또 더러는 사람들이 알아주지 않고
사람들에게 드러나지 않아도
누군가를 위해 남은 자신의 삶을
한 알의 썩는 밀알이 되어
풀잎 끝 한방울 이슬로 사라져가네

내 삶은 어떠한가
내 모습은 어떠한가
난 지금 무엇을 위해
내 뜨거운 눈물과 땀과 피를
내 삶에 가득 채워가고 있는가

나는 단 한 사람에게라도
어떤 의미가 되어
내 삶을 아낌없이 불태운 적이 있는가
내 삶의 기초는 튼튼한가
언젠가 폭풍우가 몰아쳐도
무너지지 않을 만큼 단단하고 견고한가
나를 지켜줄 힘이 내 안에 있는가

그가 내 안에 계시네
그가 내 안에 계시네
예수 그리스도 안에 있는 자
반석 위에 삶을 세운 자요
하나님의 말씀을 듣고 그대로 행하는 자
반석 위에 집을 세운 자라
오직 예수 그리스도 그 반석 위에
자기 삶을 세운 자만이
후회 없는 인생을 살게 되네

너는
주의 손으로 하신 일들을 바라보라
그가 네 삶에 하신 일들을
잊지 말고 반드시 기억하라

# 시험에 걸려 넘어질 때

시험에 걸려 넘어질 때
죄를 용서하시는
주님을 바라보라

시험에 걸려 넘어질 때
사랑의 주님 앞에
눈물로 기도하라

시험에 걸려 넘어질 때
인자와 자비로 품에 안으시는
주님 앞에 겸손히 나아가라

# 세상의 무엇과도

세상에서 가장 값진 무엇과도
당신을 바꾸지 않겠습니다

세상에서 가장 귀한 무엇과도
당신을 바꾸지 않겠습니다

세상에서 가장 아름다운 무엇과도
당신을 바꾸지 않겠습니다

당신은
세상의 그 무엇과 비교할 수 없고
바꿀 수 없는 가장 존귀하신 분

내게 있는
가장 아름답고 소중한 것들은
모두다 당신의 것입니다

# 진실한 나의 친구

다른 사람은
나를 다 떠나도
영원히
나와 함께하실 분

다른 사람은
나를 다 외면해도
끝까지
내 손을 붙잡아 주실 분

나의 모든 죄와 사망에서
나를 자유롭게 해주실
유일한 분

그가 십자가로
어둠의 견고한 진을 파하고
사망권세를 이기니

그는
예수 그리스도
진실한 나의 친구라

# 새로운 피조물이 되었네

나는
그리스도 안에서
새로운 피조물이 되었네

부끄러운 나의 과거
무거운 나의 죄와 허물들

예수 그리스도의 피로
깨끗이 씻음받았네

하나님이 내 죄를
다 용서하셨네

나 이제는
그분의 보혈로써
새사람으로 거듭나고
성령의 사람이 되었으니

매일 매순간마다
오직
성령으로 행함이 마땅하네

# 내 안에 믿음이 있는가

내 안에 믿음이 있는가
내가 매일 만나는 어려움 속에서
해결되지 않은 그 문제 앞에서
나는 오늘도 간절히 주님께 기도하네
"주님, 도와주세요. 당신의 살아계심을 보여주세요"
부르짖는 그 기도 속에서도
난 때때로 내가 어디에 서 있는지
까마득히 잊어버리고 마네

이스라엘 백성들 긴 광야길에서
수없이 많은 하나님의 기적과 은혜를 체험했지만
매일 다시 만나는 어려움 속에서
낙심하고 불평하고 절망했네
시련의 깊은 밤이 지나자
가나안 땅의 부요하고 풍족한 삶을 좇아
그들의 마음이 또 두 마음으로 나뉘었네
그동안 그들과 함께하신 하나님
그들을 밤낮으로 지켜주신 하나님을 잊어버리고
반쪽짜리 믿음으로 하나님을 외면했네
이름뿐인 신앙으로 하나님을 만홀히 여겼네

진정 하나님을 두려워하는 마음이 내 안에 있는가
곧 쇠하고 사라질 세상의 화려함을 좇아
나도 모르게 내 삶에

금빛 우상을 새겨놓고 있진 않은가
내 마음속 우상을 버리지 않고는
하나님을 하나님 되게 할 수 없고
내 삶의 매순간마다
여호와를 인정하는 믿음이 내 안에 있지 않고는
하나님의 거룩한 백성으로 바로 설 수 없으니

하나님은 수천 년 전 이스라엘의 모습을 통해
나를 보여 주시고
나의 믿음을 돌아보게 하시네
지금 나의 믿음은 어떠한가
믿음 없이도 믿음 있는 줄로 착각하며
매일매일 하나님 전의 뜰만 밟고 있지는 않은가
내 믿음의 현주소는 지금 어디에 있는가

## 하나님이 나를 사랑하셨네

하나님이 나를 택하여 부르셨네
그리고 오늘도 나를 만나기 원하시네
내 생각으로 가득 찬 나
불평과 원망 많은 나
변명과 핑계 많은 나
교만한 나
믿음 없는 나
내 고집으로 심령이 딱딱하게 굳어진 나
그런 나를 택하여 사랑하셨네

더 자격 있는 이들을 버려두고
세상의 수많은 사람들 중에
오직 나로만 가득 차 있고
나를 지으신 그분의 마음을
도무지 헤아리지 못하고
그분의 길을 잘 따라가지도 못하는
연약하고 어리석은 날 택하여 불러주셨네

하나님은 오늘도
세상에서 찢기고 상한 내 마음을 만져주기 원하시네
고난 속에서 하나님 앞에 나아가
그분 앞에 머물러 있기 원하시네

괴로운 일 좋은 일 슬픈 일을 가지고
그분 앞에 엎드리기 원하시네
나를 만나고 교제하고 대화하기 원하시네

편안함 속에서는 삶의 성장도
신앙의 성숙도 기대할 수 없듯이
부요함과 풍요로움 속에서
곧잘 하나님을 잊어버리고
하나님으로부터 멀리 떠나
크고 넓은 세상 길로 향하는
연약하고 믿음 없는 나
그런 내 모습을 잘 아시면서도
끝까지 포기하지 않으시고
긍휼과 자비로 나를 또 안으시네

내가 그토록 피하고 싶었던
눈물의 골짜기
고난의 풀무불
시련의 큰 강물이
내 앞에 끝도 없이 펼쳐진 광야길이
삶의 그 거친 격랑이
주님 앞에 나를 온전한 예배자로 세우네

내가 취해 살던 세상의 화려한 것들
내가 마지막까지 움켜쥐고 놓지 않았던 것들
내가 끝내 붙잡고 의지하던 것들을
다 잃고 나서야
나 비로소 주님 앞에 거룩한 백성이 되어
겸손히 무릎 꿇네
내가 매일 만나는 크고 작은 어려움 속에
내가 하나님의 은혜를 경험하네

"내가 너를 다 안다"
내 안의 아픔과 고통을 나 알고 계시는 주님
그런데 살아가면서 난 자꾸만
나와 함께하시는 그분의 임재를
까마득히 잊어버리곤 하네
이 땅에 나만 홀로인 것처럼 살아가네
"두려워하지 말고 무서워하지 마라
내가 너를 지켜 줄게. 널 도와 줄게"
주님이 오늘도 내 삶을 붙잡고 계시네

# 나로 하여금

하나님은 오늘도 서두르지 않고 일하시네

하나님이 주신 것들을 부여잡고
그것의 즐거움에 취해
하나님 앞에 나아가기를 주저하고
내 삶이 주님 손에 있음을 잊어버린 채
내 뜻과 내 생각대로 살아가는 나

끝나는 데 하루도 걸리지 않는
그림자 같은 인생
아침안개 같은 인생을 붙잡고
내 인생이 내 것인 양
내 마음대로
내가 계획한 대로 살아갈 수 있다는
교만으로 가득한 나를
여전히 포기하지 않으시고

혹독한 시련과 수치를 통해
교만을 내려놓게 하시고
겸손한 모습으로 날 새롭게 빚어
하늘 나라 거룩한 백성으로 회복하셔서

나로 하여금
하나님의 그 위대하심을 온 땅 위에
선포하게 하시네

하나님은 오늘도 서두르지 않고 일하시네

## 깊은 어둠 속에서

깊은 밤
앞이 보이지 않는
깜깜한 어둠 속에서

상한 갈대와 같이
꺼져가는 불씨와 같이
삶의 깊고 깊은 절망 속에서

내가 할 수 있는 일이
무엇이 있을까

문제를 가지고
주님 앞으로 나아가는 것만이
내가 살 길이라

오직 기도만이
내 영혼을 소생케 하며

기도만이
나를 소망으로 인도하니

기도하는 자
세상이 감당치 못할 자라

# 진리는

진리는 내 인격을 통해서 드러나네
순결한 사람
흠 없는 사람
사랑의 사람이
진리 가운데 사는 자라

내가 온전한 인격을 갖추기 위해서는
완전한 모범이 필요하네

예수님 말씀하시네
너희는 나를 본받으라
내게 와서 배우라
내가 곧 길이요 진리요 생명이라

당신의 생애를 통해 보여주신
사랑과 희생의 삶을 본받아
그 발자취를 따라가는 자
그가 바로
진리를 좇아 사는 자니

그가 가르쳐주신 대로
그의 길로 행하는 자
순결하고 흠 없는
사랑의 삶을 살게 되네

# 예수님 내 안에

우리의 믿음 늘 한결같지 않네
때로는 강하고
때로는 약하고
베드로처럼
물속에 뛰어드는 큰 믿음을 갖기도 하고
깊은 물을 보고 두려워 그 물에 빠져드는
약한 믿음을 갖기도 하네

하나님은
이스라엘 백성에게
홍해를 가르고
매일매일 만나를 먹이셨지만
그들은
손으로 만져볼 수 있는 믿음
눈으로 볼 수 있는 믿음 갖기 원했네

그러나 하나님은 영이시라
우리는 항상 하나님을 보여달라고 하나
예수님을 본 자 하나님을 본 자라
예수님을 만난 자 하나님을 만난 자라
하나님이 육신을 입고
이 땅에 오셨으니

우리는 예수님을 통해
하나님이 어떤 분이신지
그 음성을 들을 수 있네
그 능력을 경험할 수 있네

예수님 내 안에
나 예수님 안에 있으면
그 무엇도 두렵지 않는
한결같은 큰 믿음 가질 수 있네

# 예수님은

예수님은
우리를 의와 진리로 인도하시는
세상의 빛이라
어두운 곳을 환히 밝혀주는 참 빛이라

예수님은
우리로 영생을 얻게 하는 생명의 떡이라
이 떡을 먹는 자마다 결코 주리지 않네

예수님은
우리를 푸른 초장 쉴만한 물가로 인도하며
악한 무리들로부터 안전하게 지켜주고
보호해 주는 선한 목자라

예수님은
장사된 지 사흘 만에 무덤에서
다시 살아나신
우리의 부활이라
그가 사망권세를 이기셨네

예수님은 길이요 진리요 생명이니
우리에게 예수님 아닌

또 다른 길
또 다른 진리
또 다른 복음은 없네

예수님은
우리의 포도나무라 우리는 그의 가지니
그분 곁에 붙어 있어야
풍성히 열매 맺을 수 있네

예수님은
우리가 하나님 나라에 들어가는
유일한 양의 문이라
그를 통하지 않고서는
누구도 하나님께로 갈 수 없네

다른 이로서는 구원을 받을 수 없으니
오직 예수 그리스도만이
유일한 우리의 구원의 문이라
그 이름만이
우리를 생명으로 인도하네

# 눈에 보이는 것이

우리는 매일 주님 앞에
그분의 살아계신 표적을 보여달라고 하네
이스라엘 백성들
광야 사십 년 동안 수많은 기적을 체험했지만
하나님 믿지 못했네

하나님은 그들을
홍해를 가르고 걷게 하시고
낮에는 구름기둥 밤에는 불기둥으로 인도하시고
만나와 메추라기로 매일매일 먹이시고
반석에서 물을 내시고
쓴물을 단물 되게 하시고
병든 자를 고치시고
신과 의복을 사십 년 동안 해어지지 않게 하시고
큰 대적들을 그들 앞에 무릎 꿇게 하시고
전쟁에서 승리케 하셨네

예수님의 열두 제자와 수많은 무리들
그분의 놀라운 기적을
매일매일 경험했지만
구원의 확신 갖지 못했네

예수님은 중풍병자를 고치시고
눈 먼 자를 보게 하시고
귀먹은 자를 듣게 하시고
벙어리의 입을 열어 말하게 하시고
앉은뱅이를 일으키시고
귀신을 쫓아내시고
죽은 자를 살리시고
모든 약한 것들을 치료하시고
보리떡 다섯 개와 물고기 두 마리로
오천 명을 먹이셨네

믿음이란 무엇인가
눈에 보이지 않는 하나님을
믿고 신뢰함이라
주님은 도마에게 말씀하셨네
"보고 믿는 것보다
보지 않고 믿는 것이 복되단다"

구원은 보이지 않는 하나님을
믿고 바랄 때 이루어지니
그의 아들 예수 그리스도를 구주로
마음 속에 영접할 때
하나님의 자녀가 되는 권세를 주시네

눈에 보이는 것은 잠깐이니
보이지 않는 것을 믿고 바라면
참음으로 기다리라
주님 말씀하시네
눈에 보이는 것들이
나를 살리는 것 아니요
눈에 보이지 않는 것들이
나와 네 생명을 살리네

# 먼저 기도하게 하소서

나로 항상 기도하게 하소서
그 무엇보다 먼저
기도하게 하소서
모든 일을 행하기에 앞서
주님 앞에 기도하게 하소서

기도는 나의 빛
나의 소망이라
기도만이 나를 생명길로 인도하네

나로 하여금
평생을 기도하게 하소서
다니엘처럼 사무엘처럼
매일매일 기도하고
또 기도하기를 쉬는 죄를
범하지 않게 하소서

기도하기를 사모하여
기도하는 그 시간이
가장 기쁘고 즐겁고
행복한 시간 되게 하소서

기도는 나의 힘
나의 능력이니
기도만이 진정 내가 살 길이라

기도로써
한 생명을 살리고
한 영혼을 구원하게 되니
기도할 때 이 땅 위에
하나님의 나라 힘있게 세워져 가네

# 기도가 필요하네

참지식이 동반되지 않은
열심은
우리를 넘어지게 하고
우리를 사망으로 인도하는
무서운 병이 되네

그러므로 나 오늘도
내 영안이 열리고
내 삶에 영적인 분별력이 더하여져서
복음을 바로 알고 전하는 지혜가
내 안에 있기를 기도하네

나의 부족과
나의 연약함과
나의 한계를 뛰어넘기 위해서는
기도가 필요하네

## 그 십자가가

주님은
치욕과 저주의 십자가를
사랑과 평화의 십자가로 바꾸셨네

주님은
죄와 사망의 십자가를
의와 생명의 십자가로 바꾸셨네

주님은
고통과 눈물의 십자가를
은혜와 기쁨의 십자가로 바꾸셨네

주님은
절망의 십자가를
소망의 십자가로 바꾸셨네

주님은
모두가 외면하는 십자가를
모두가 바라보는 십자가로 바꾸셨네

주님이
그 십자가로
나의 죄와 허물을 사하시고
내 생명을 구원하셨네

이제 십자가는
나의 의가 되고
나의 능력이 되었으니
십자가 위에서
나의 옛사람이 죽고
새사람으로 거듭났네

모두에게
멸시받고 조롱당하던
그 십자가가
지금은 나의 자랑거리 되었네

# 십자가를 진다는 건

십자가를 진다는 건 무엇인가
저마다 기도하네
내 십자가 지고
주 따라가게 하소서
십자가를 진다는 건 무엇인가
사랑할 수 있는 마음도
용서할 수 있는 마음도
내 힘으로 할 수 없고
주님이 내 안에 계셔야 가능한 일

십자가를 진다는 건
단순히 고난의 길을 가는 것이 아니라
주님께서 그러셨듯
내 생명을 그분 앞에 드리는 삶이니
풍요 속에서도
비천함 속에서도
한결 같은 믿음으로
그분의 길을 따르는 삶이라

나는 과연 주님을 위해
내 목숨을 걸고 있는가

오늘 하루도
내게 주어진 십자가의 길을
힘을 다해 걸어가고 있는가
주님의 남은 고난을
내 잔에 채우고 있는가

# 우리 인생은

우리 인생은
혼자 살아가는 것 아니요
더불어 살아가는 것이라
우리 삶의 행복은
다른 이들과
어떤 관계를 맺고 있느냐에
달려 있으니

내가 먼저 남에게
마음 문을 활짝 열어
기쁨과 슬픔을 나눌 때 삶이 회복되네
그리스도인의 삶은
사랑하고 용서하는 삶이라
나누고 베푸는 삶이라
섬기고 희생하는 삶이라

주님께서
나를 사랑하신 것처럼
나를 용서하신 것처럼
나도 다른 사람을
먼저 사랑하고
용서하며 살아가야 하네

# 고난 속에서

고난 속에서 내가 즉시로
주를 찾게 하소서

고난 속에서 내가 내 안에 숨겨진
나의 참모습을 발견하게 하소서

고난 속에서 내가 더 주님을
감사로 찬송하게 하소서

고난 속에서 내 걸음을
주께로 더 가까이 향하게 하소서

이 고난을 허락하신 분은
주님이시니
이 풍랑을 잔잔케 하실 분도
주님이심을 내가 믿나이다

주여, 지금 일어나
나를 도우소서

# 용서하라

주님 내게 말씀하시네
네 원수가 주리거든 먹이고
목마르거든 마시우라
용서하고 용서하고 또 용서하고
일흔 번씩 일곱 번이라도
다른 사람을 용서하라
주님이 내 죄를 용서해 주셨으니
나도 남을 용서해야 하네
그럴 때에야
하나님께서도 내게 이와 같이 하시네

나의 교만과 미움 탐욕과 불신
남을 상처 주고 시기하는 마음이
다 나의 죄라
남을 용서하지 못하는 마음은
보이지 않는 감옥에 나를 가두는 것이니
주님으로부터 일만 달란트 탕감 받은 자로서
이제는 나도 다른 사람의
일백 데나리온 빚을 탕감해 주어야 하네

용서는 내 힘으로 되는 것 아니요
하나님의 은혜며
성령님이 함께하실 때만 할 수 있으니
성령 충만할 때
내가 진정으로 남을 용서할 수 있고
성령 충만할 때
내가 진정으로 남을 사랑할 수 있네

예수님이 그러셨고
제자들의 삶이 그러했네
하나님이 나를 용서하신 것에 비하면
다른 사람이 내게 한 일은
아주 작은 일이라
용서는
용서 받은 자만이 할 수 있네

# 주야로 매일

주님 내 안에 있기 원하네
나 주님 안에 있기 원하네

주님 항상
나의 호흡이 되어
나의 맥박이 되어
나의 고동치는 심장이 되어
내 안에 계시기 원하네

어느 한 순간도
단 한시 동안도
그분을 떠나서는
살 수 없는 존재가 되어

주야로 매일
그분 앞에 엎드려 기도하며
말씀을 묵상하고
그 말씀에 순종하기 원하네

주님은 나의 생명이며
나의 빛이시라
내가 걸어가는 매순간마다
그분의 음성 들으며
그를 만나기 원하네

## 그러므로 인간은 누구나

우리 모두는 용서받지 못할 죄인이라
죄중에 태어나 죄 가운데 살아가니
성경은 모든 사람이
죄를 범한 죄인이라고 말씀하시네
인간은 누구나
자기의 죄와 허물을 가지고 살아가네

어떻게 하면
이 죄에서 나를 깨끗이 할 수 있을까
내 부패한 마음과
내 삶에 깊이 뿌리내린 어둠을
무엇으로 가릴 수 있을까
내 죄를 깨끗하게 하실 분은
오직 예수 그리스도뿐이라
예수님이 이 땅에 오셔서
십자가의 보혈로 내 죄를 씻어주셨네

그러므로 인간은 누구나
예수 그리스도를 알아야 하네
모든 사람은 죄인이며
우리의 의는 다 더러운 옷 같으니
인간은 누구나 구원받아야 할 존재라

하나님과 우리 사이에
유일한 중보자이신 예수님을
내 마음 속에 영접해야 하네
그때에야
하나님과 나 사이에 막혔던 담을 헐 수 있네
나와 이웃 사이에 가로막힌 담을 헐 수 있네

우리 모두는
예수 그리스도의 십자가를 통해서만
죄에서 구원받을 수 있고
사망에서 건짐받아
영원한 생명을 얻을 수 있네

## 화평케 하는 자가

하나님은 평화를 만드는 자로
나를 불러주셨네

우리가 서로 화평하지 못하는 것은
우리 안에 있는 이기심과 욕심 때문이라

예수님이 십자가의 죽음으로
이 땅에 평화를 이루신 것처럼

나도 내 자아를 내려놓고
누군가를 위해 썩는 밀알이 될 때
내 공동체 속에
평화를 만들어 갈 수 있네

화평케 하는 자가
하나님의 아들이라
주님 말씀하시네

# 난 진정으로

난 진정으로 구원받은 자인가
내가 주의 이름으로 행했던 모든 일들이
하나님도 기뻐하시고 인정하시는 일이었는가

주여 주여 외치는 자마다
다 천국에 들어가는 것 아니요
오직 하늘 아버지의 뜻대로
행하는 자라야 들어가리니
행함 없는 믿음은 죽은 것이라
주님 말씀하시네

내 안에 언제나 예수님 살아 계신가
내게서 예수님 닮은 향기가 나고 있는가

오늘도 수많은 사람들이
날 통해서
살아계신 주님을 만나고
주님의 그 한없는 사랑을 경험하고
하나님 나라를 꿈꾸며 살아가고 있는가

그 나라는
내가 죽지 않고는 갈 수 없으니
사랑은 오래 참고 견디는 것
사랑은 내가 누군가에게
한 알의 죽는 씨
썩는 밀알이 되는 것이라

# 나 이제야 만났네

너와 내가 서로 마음의 담을 쌓고
때론 그 담을 헐면서
살아온 여러 날 동안
우리가 값없이 누리고 있었던 것들을
이제껏 당연한 것으로 여기며
내 힘과 내 노력의 결실이라
생각하고 살아오진 않았는가

때때로 주님이 내게 가르쳐주신
그 길로 행치 못하고
가야 할 그 길에서 벗어나
교만한 맘으로 말씀을 멀리하고 살아왔네
그것이 언젠가는 돌같이 딱딱하게 굳어져버린
차가운 마음으로
완악한 마음으로
하나님을 떠나서
내 뜻대로 길을 가게 하였네

거친 들에서 바라보는 세상
살 소망이 끊어진 그 순간에도
내가 약할 때나 강할 때나

한시 동안도 날 떠나지 않고
나와 함께 하신 사랑의 하나님이
언제나처럼 거기 서 계셨네
세상에서 찾을 수 없었던 참소망
세상이 줄 수 없는 참기쁨과  참평안을
나 그제야 주님의 십자가에서 만났네

## 깨어져야 하네

깨어져야 하네
깨어져야 하네

나의 자랑도
나의 교만도
나의 지식도
나의 경험도
나의 선입견도
모두다 깨끗이 비우고
오직 성령으로
내가 충만해져야 하네

하나님의 말씀으로
내 삶을 가득
채워야 하네

부서지고 또 부서져서
하나님 앞에
내가 다시 태어나야 하네

주님이 다스리는
새로운 삶
새로운 피조물로
거듭나야 하네

## 네 죄의 무거운 짐을

네 죄의 무거운 짐을
지금 십자가 앞에 내려놓으라

주님의 보혈로 씻지 못할 죄가 없고
주님 안에서
용서 받지 못할 죄가 없네

그분이 날 위해 십자가에서
내 죄를 다 대속했으니
나 모든 죄에서 자유함을 얻었네

난 그저 그분을 내 안에 모시고
그분만 바라보고
그분만 따라가면 되니

갚을 길 없는 그 은혜
말로 다 표현 못할 그 사랑
무엇으로 다 갚으리
무엇으로 다 표현하리

네 죄의 무거운 짐을
지금 십자가 앞에 내려놓으라

## 당신을 따라가네

고난 속에서
더 보석같이 빛나는 사람
절망 속에서
더욱 찬란히 빛나는 사람
그런 나를 또 꿈꾸며

당신이 꿈꾸는 세상
나도 같은 꿈을 꾸며
당신이 걸어가신
좁고 협착한 그 길을
힘을 다해 따라가고 있네

당신이
내 안에 빛으로 들어오자
내 안에 어둠이 다 물러가고
내가 눈부신 빛이 되었네

작고 보잘것없는 것들에 더 관심 주고
남들이 다 외면하고 무시하는 것들을
더 귀하게 여길 줄 아는
당신의 마음
당신의 눈빛을
내가 오늘도 닮아가네

그렇게 당신이 내 안에 있을 때
내 삶이 더 풍성해지고
내 삶이 더 소중해지고
내 삶이 더 아름다워지네

# 친구가 되어주셨네

누군가가 나를 위해 기도해 주고
내가 누군가를 위해 기도하고 있다면
우리는 서로 친구라
내가 외롭고 고독할 때
낙심과 절망 가운데 있을 때
힘이 되어 줄 친구를 가졌다면
나는 행복한 자라

있는 그대로 나를 용납하고
나에게 아낌없는 격려와 위로와
용기를 북돋아주고
나를 인정해 주는 친구가 내게 있다면
나는 행복한 자라

세상에는 완전한 자 없으니
친구의 부족함 때문에
친구를 사귈 수 없다면
그 사람은
세상에서 아무 친구도 가질 수 없네
당신은 진정한 친구를 가졌는가

주님이 나의 진실한 친구가 되어주셨네
있는 그대로 나를 용납하고
나를 받아주고
풍랑 속에서 나를 건져내어
눈부신 빛으로 인도해 주신 분
주님이
나의 가장 다정한 친구가 되어주셨네

제 3 부

# 기름을 준비하라

# 기름이 없으면

기름을 준비해야겠네
기름을 준비해야겠네

기름이 없으면
당신의 집을 아름답게
비출 수 없네

말씀으로
기도로
늘
내 삶을 간검하며

당신의 집을
아름답게 비추는
깨끗한 감람유가 되기 바라네

기름을 준비하지 않고
등불이 비추기를 바라는 자
기도하지 않고
응답을 바라는
어리석은 자와 같네

## 교만치 말라

너는 교만치 말라
매일 겸손히 주님 앞에 엎드려
그의 도우심을 구하라

네가 너무 많은 일을
할 수 있다고 자만할 때
하나님 너를 떠나시고

네 힘으론 더 이상
아무것도 할 수 없어
주님 앞에 눈물로 무릎 꿇을 때
하나님 너의 약함을 통해
큰 능력 행하시네

하나님은
길가에 구르는 돌들로도
큰 일꾼 삼으시는 분이니

네가 모든 것을 할 수 있다고
자만할 때
너 아무것도 할 수 없고

네가 아무것도 할 수 없어
겸손히 주님만을 의지할 때
너 무엇이든 다 할 수 있게 되네

# 주님은

주님은
우리에게 있어야 할 것을
이미 다 아시지만
우리가 구하지 않으면
주시지 않습니다

주님은
우리의 머리털까지 다 세신 바 되지만
우리가 먼저 구할 때
응답하십니다

주님은
우리의 생각과 앉고 일어섬을
다 알고 계시지만
내 뜻대로 구할 때
응답하지 않으십니다

나보다도 더 나를 잘 아시는
주님은
내게 있어야 할 것을
이미 다 알고 계십니다

우리가 먼저
그의 나라와 그의 의를 구할 때
주님은 우리가 구하는 것들 외에
모든 것을 더하여 주십니다

# 열리게 하소서

하나님의 하시는 일을 볼 수 있는
영의 눈이 열리게 하소서
하나님은 우리의 지식과 경험을 뛰어넘어
우리에게 찾아오시네

하나님의 음성을 들을 수 있는
영의 귀가 열리게 하소서
하나님은 우리의 생각과 계획을 뛰어넘어
우리에게 찾아오시네

하나님은 언제나 자신의 방법대로
자기 백성을 지키시고 돌보고 계시네

그러므로 내 영혼이 오늘도
그분을 향한 열망으로 가득하여
내 삶의 순간마다
그만 바라보며
그의 음성을 들으며
그의 길로 행하기 원하네

# 주님 말씀하시네

주님 내게 말씀하시네
너희는 서로 인자하게 대하며
서로 불쌍히 여기며
서로 용서하기를
하나님이 그리스도 안에서
너희를 용서하심 같이 하라

그리스도께서 너희를 사랑하신 것같이
너희도 사랑 가운데서 행하라

너희는 빛의 자녀라
어두움으로 행하지 말고
빛으로 다녀라
빛의 열매는 모든 착함과 의로움과
진실함에 있으니

너는
의와 진리의 거룩함을 따르는
새사람의 모습으로
세상의 빛과 소금이 되어라

이제는
옛사람을 벗어버리고
새사람으로 옷 입으라
그리스도로 옷 입으라
빛의 갑옷을 입으라
주님 내게 말씀하시네

## 내가 선 그곳에서

내가 선 그곳에서
기도의 불씨가 되어
기도의 불길로 타오르기 원하네

내가 선 그곳에서
사랑의 불씨가 되어
사랑의 불길로 타오르기 원하네

내가 선 그곳에서
복음의 불씨가 되어
복음의 불길로 타오르기 원하네

## 먼저 해야 될 일이 있네

그 무엇보다
먼저 해야 될 일이 있네

먼저 기도하고
먼저 용서하고
먼저 나누고
먼저 베풀고
먼저 양보하고
먼저 이해하고
먼저 사랑하고

우리가
이 세상을 살아갈 때에

그 무엇보다
먼저 해야 될 일들이 있네

# 내 심령은 지금

나의 오랜 경험이
주께로 더 가까이 나아가지 못하게 하네

내 안의 많은 지식이
주님을 믿지 못하게 하네

나의 높은 학문이
말씀을 받아들이지 못하게 하네

내게 있는 큰 명예가
주님을 나의 구주로 섬기지 못하게 하네

내 창고에 가득 쌓아올린 재물이
주님 원하시는 길 가지 못하게 하네

주님 오늘도 내게 말씀하시네
너는 내 멍에를 메고 내게 배우라
나를 따르라
그러면 내 제자가 되리라

어떤 상황 속에서도
끝까지 주님을 붙잡고 사는 자
그가 주님의 제자 될 수 있네

내 삶에서
끊어버려야 할 것들을 끊지 못하고
놓아버려야 할 것들을 놓지 않으면
주님 따라갈 수 없네

나를 지금도
주님께로 깊이 뿌리 내리지 못하게 하는
나의 돌짝밭은 무엇인가
나의 가시밭은 무엇인가

내 심령은 지금
주님 앞에
옥토로 준비되어 있는가

## 다시 불일듯하게 하소서

나의 믿음을 다시
불일듯하게 하소서

나의 사랑을 다시
불일듯하게 하소서

나의 헌신을 다시
불일듯하게 하소서

나의 기쁨을 다시
불일듯하게 하소서

나의 기도를 다시
불일듯하게 하소서

나의 소망을 다시
불일듯하게 하소서

주를 위해 내가 다시
해산의 수고를 감당케 하소서

내 삶에 자꾸만 반복되는
실패와 실수
고난 속에서도
좌절하지 않고

주를 위해 내가 다시
소망의 불씨를 모아
복음의 불길로 타오르게 하소서
다른 이를 점화시킬 수 있는
사랑의 불길로 타오르게 하소서

# 하나님의 정하신 때가 이르면

하나님의 정하신 때가 이르면
이 땅 위에
하나님 나라 이루어지네

하나님의 정하신 때가 이르기 전
너는
근신하여 깨어 기도하라

그 날과 그 시는
아무도 모르네
하나님의 아들도
천사들도 모르고
오직 하나님만 아시니

너는 평안하다
안전하다 할 그 때에
깨어 일어나 기도하라

그 날이
밤에 도적같이 네게 임하리니
세월을 아끼라 때가 가까웠으니

너는 지금
신랑 맞을 준비가 되었는가
등과 기름이 준비 되었는가

# 인생의 폭풍우 앞에서

누구에게나 인생의 폭풍우는 닥쳐오네
어느 날 갑자기 우리 모두는
그 폭풍우 앞에 서게 되네
그때에 거센 폭풍우 앞에서
흔들리지 않게 하소서

우리 앞에 넘을 수 없는 장애물과
고난과 문제와 절망 앞에서
우리는 아무것도 할 수 없네
그러나 내가 약할 그때가 강할 때이니
주님이 나와 함께 하심이라

주의 계획하심과 행사는 너무나 크고 높아서
아무도 헤아릴 수 없으니
주께서 그 인자하심과
그 성실하심으로
내 길을 한걸음씩 인도하시네

폭풍의 날에 주님 내 손을 붙잡고 계시네
폭풍우 날에 주님 내게 말씀하시네
"안심하라 내니 두려워 말라"
폭풍우 날에 내가 다시 한 번
주님의 은혜와 능력을 경험하네
내 믿음이 정금같이 단련되어지네

우리 모두는 인생의 폭풍우 앞에서
내가 얼마나 연약하고 유한한 존재인지
자신의 참모습을 발견하고
전능하신 그분 앞으로 달려나오게 되네

## 절망은 없네

너
하나님의 구원을 바라면
참음으로 기다리고
어려움 속에서도 묵묵히 견디어라

사람의 끝이
하나님의 시작이니
우리에게 더 이상
절망은 없네

삶의 고통 속에서
더 성숙한 삶을 살게 되고
삶의 실패 속에서
더 큰 소망의 삶을 살게 되니

이는 하나님이 거기 계시기 때문이라
하나님이 우리 안에 계시기 때문이라

하나님이 나를
온 천하보다 더 귀하게 여기시고
그의 자녀 삼아 주셨네

# 이정표

나의 길을 가는 동안
하나님의 말씀의 이정표만
바라보고
걸어가게 하소서

내 기억이나
내 고정관념
내 경험을 의지하지 않고

오직 하나님의 말씀만 붙잡고
내가 가야 할 길을
믿음으로 순종하여
담대히
나아가게 하소서

## 마지막 때가 가까웠으니

마지막 때가 가까웠으니
너는
기름을 준비하라

너의 기도의 등불이
꺼지지 않도록
주야로 간검하라

깨어 있으라

주의 날을
예비하고 있으라

마지막 때가 가까웠으니
너는
충성되고 지혜로운 종이 되라

# 내 십자가가 무거운 것은

내 십자가가 무거운 것은
남을 불평하고 원망하기 때문이라

내 삶에서
사랑과 감사가 사라지고
기도가 사라질 때
내 십자가 점점 더 무거워지네

내 십자가가
너무 무겁다고 느껴질 때
삶을 뒤돌아보라

작은 일에도 언제나 감사하며
항상 기뻐하며
쉬지 않고 기도하고 있는가

누구나 다
제 십자가를 지고 살아가네

그런데 지금
내 십자가는
점점 더 무거워지고 있는가
점점 더 가벼워지고 있는가

# 지금 오셔서

하나님 지금
내 마음 밭을 덮고 있는
딱딱한 돌멩이들을 걷어내 주소서

하나님 지금
내 마음 밭에 자라고 있는
거친 가시덤불을 걷어내 주소서

하나님 지금 오셔서
굳어 버린 내 마음 밭을
기경하여
하나님 앞에
옥토로 잘 준비되게 하소서

그리하여
하나님의 말씀의 씨앗들이
내 마음밭에 뿌려질 때마다

삼십배, 육십배, 백배의
풍성한 결실을 맺게 하여 주소서

# 어떻게 하면

어떻게 하면
성령 충만한 삶을 살 수 있을까

흔들리지 않고
흔들리지 않고
주님만 바라보며
내가 걸어가야 할 길을
똑바로 걸어갈 수 있을까

하나님의 말씀을 즐거워하여
주야로 묵상하는 자
그가 바로
시냇가에 심은 나무와 같아서
시절을 좇아 과실을 맺으며
그 잎사귀가 마르지 않는
풍성한 삶을 살아가네

하나님의 말씀이
항상 그 입에서 떠나지 않는 자
그가 성령 충만한 삶을 살아가네
흔들리지 않고
흔들리지 않고
가야 할 길을
똑바로 걸어갈 수 있네

# 벗어버리게 하소서

욕심을 버려야 하네
욕심을 벗어버려야 하네
보잘것없는 욕심 하나가
내 안에 들어와
뼈아픈 눈물을 흐르게 하네
아무리 작은 죄일지라도
죄가 내 마음 틈새로 들어오는 것을
허용해서는 안되네
처음에는 별 것 아닌 그 작은 것이
결국 나를 사망으로 이끄네
가난한 심령 속에
하나님의 나라 임하네

교만을 버려야 하네
교만을 벗어버려야 하네
하나님은 교만한 사람을 제일 미워하시니
하나님과 같이 되고자 하는 마음
나를 먼저 생각하고
나를 내 삶의 중심에 두고
나를 가장 높은 자리에 올려 놓는
그 마음이 교만이라

나의 고집과 이기심을 버리고
주님께서 걸어가셨던
순종의 삶
겸손의 삶
섬김과 헌신의 그 발자취를
따라가야 하네

불평을 버려야 하네
불평을 벗어버려야 하네
매사에 불평하는 자는
작은 일에 감사할 줄 모르니
그에게서는 하나 둘씩 사람들이 떠나가고
하나님도 그를 기뻐하시지 않네
그는 또한 마땅히 가야 할
바른 길을 가지 못하고
하나님이 기대하시는
아름다운 열매도 맺지 못하며
하나님이 찾으시는
신실한 일꾼도 되지 못하네

# 내 안의 성령님을

내 안의 성령님을
근심하게 하였네

내 사랑하는 주님을
마음 아프게 하였네

예수님을
오늘 또 한번
십자가에 못박았네

마음으로 죄짓고
입술로 죄짓고
몸으로 죄짓고

오늘도 내가
거룩하신 주님의 이름을
또 더럽혔네

# 감사하네

크게 감사할 일이 없고
크게 기뻐할 일이 없어도

오늘 하루
건강하게
주어진 일을 감당할 수 있음에
감사하고

나를 지으신
창조주 내 하나님을 기억하고
내게 영원한 생명 주신
그 하나님을 바라보며 찬송할 수 있음에
또한 감사하며

고난 속에서도
하나님 맡겨주신
사명 붙잡고
그 속에 감추어진 보화를 찾아
그분의 뜻 이루어가며

매일매일
소망 가운데
살아가게 하심이 감사하네

# 감사할 줄 아는 자가

우리는
모든 것을 다 가질 수 없습니다

내가 가진 것에 감사할 줄 모르고
남이 가진 것을 바라볼 때
내 마음 속에서 감사가 사라지고
불평과 원망이 쌓입니다

내가 소유하지 않은 것으로
낙심하지 말고
내가 소유한 것을 기억하고
감사하게 하소서

감사할 줄 아는 자가
사명의 삶을 살아갑니다
감사할 줄 아는 자가
행복한 삶을 살아갑니다
감사할 줄 아는 자가
이 땅에서 평화를 만들어갑니다

감사하는 자 곁에는
항상
하나님이 계십니다

## 오늘 하루도

하나님이 오늘 하루를 나에게 허락하셨네
이 하루는 새로운 기회의 날이니
주어진 시간을 낭비하지 말고
헛되이 보내지 말아야 하네

하나님이 지금 내게 원하시는 것이
무엇인지 바로 알고
무너진 망대를 다시 힘을 다해
일으켜 세워야 하네

내게 있는 이 슬픔도
내게 있는 이 고통도
오직 나를 위해
하나님이 허락하셨으니
이를 감당할 수 있는 능력 또한
내 안에 두셨네

내일 이 세상을 떠난다 해도
오늘 하루 눈물로 씨를 뿌릴 수 있는
사명의 삶을 살기 바라네
그의 인도하심을 따라
지금 내게 시간이 주어졌을 때
마땅히 해야 될 그 일에 최선을 다하여
그날에 부끄럼 없이
그분 앞에 서기 바라네

## 지나간 시간은

지나간 시간은 다시 돌아오지 않습니다
잘못 살아온 내 인생을
돌이킬 수 있도록
다시 한 번 시간이 주어지지 않습니다

하나님이 허락하신 이 하루를
어떻게 소중히 가꾸며 살아가야 할지
다른 사람과 더불어
매일매일을 새롭게 맞이하도록
나를 도우소서

길가에 들풀 하나도
사랑으로 돌보시는 하나님
돌틈 사이로 숨어 핀 풀꽃 하나도
은혜로 입혀 주시는 하나님

내게 주어진 이 날을
힘을 다하여
후회 없이 살아가도록
나를 도우소서

# 온유한 자가

사람들은
남보다 더 강한 자가 되기 위해
밤낮으로 쉬지 않고
자기 인생에 남보다 더 많은
땀과 눈물을 쏟네

강한 자가
마침내
이 땅을 차지하고
승리하게 될 것을 믿으며

그러나
하나님이 지으신 세상의 법칙은
강한 자가 살아남는 것 아니요
사랑을 가진 부드럽고 온유한 자가
이 땅을 차지하네

강한 힘이
세상을 정복하는 것 아니요
따스한 사랑의 힘만이
세상을 다스리네

# 시험이 올 때마다

시험이 올 때마다
불평하는 자
하나님이 기뻐하시지 않네

시험이 올 때마다
원망하는 자
하나님 앞에 인정받을 수 없네

작은 시험을 이기는 자
큰 시험에도 승리하네

시련은 우리에게 인내를
인내는 연단을 만들어
정금 같은 믿음을 갖게 하네

하나님은 우리에게
감당할 시험밖에
허락하시지 않으니

환경 때문에 불평하고
원망하다가
낙오자 되지 않기를

어떠한 형편에 있든지
하루하루 감사와 성실로써
오직 주 따르기를

## 어린아이와 같이

돌과 같이 굳어 있는 마음에는
감동이 일어나지 않습니다
가시와 같이 뾰족한 마음에도
감동이 일어나지 않습니다
메마른 땅과 같이 딱딱한 마음에도
감동이 일어나지 않습니다

자기 욕심과 이기심과
죄악으로 가득 찬 마음에는
아무런 감동도
변화도 일어나지 않습니다

감동할 줄 모르고
변화할 줄 모르는 사람은
다른 사람에게도
감동을 주지 못하고
변화를 일으킬 수 없습니다

작은 일에도
남을 아낌없이 칭찬해 주고
격려해 주고 높여 주며
함께 웃고
함께 울 수 있는

어린아이와 같이
순수한 마음을 가진 이가
천국을 소유한 자입니다
그 누구도
어린아이와 같지 아니하면
결코 천국에 들어갈 수 없습니다

## 고난이 유익이라

내 안에 하나님을 찾으려는
간절함이 있는가

삶이 풍족할 때
부족함이 없을 때
우리는 하나님을 찾지 않네

가난할 때
고통중에 있을 때
마음이 외롭고 쓸쓸할 때
하나님을 찾게 되니

그러므로
내게 당한 고난이 유익이라

역경을 통해
내가 하나님의 율례를 배우게 되네

## 성도가 된다는 것은

성도가 된다는 것은
세상과 구별된
거룩한 삶을 살아가는 것이라

성도가 된다는 것은
이웃을 위해 기꺼이
나를 내어주는 삶이라

성도가 된다는 것은
더 낮은 자리에서
다른 사람을 섬겨야 하는 삶이라

성도가 된다는 것은
주변을 그리스도의 향기로 가득 채우고
세상의 빛이 되어
땅끝까지 나아가는 삶이라

## 진흙이

진흙이 토기장이의 손에 있는 것같이
우리가 다 하나님의 손에 붙들려 있네
진흙으로 만든 그릇이
토기장이의 선한 생각대로
그 손에서 파상되는 것같이
하나님도 능히 우리에게
그와 같이 하실 수 있네

우리의 성공도
일순간에 무너지고
우리가 걷고 있는 눈물의 골짜기도
일순간에 은혜의 샘으로 바뀔 수 있으니
이 땅에서의 삶은 영원한 것이 없네

다만 우리들이 자신의 삶 가운데
하나님의 선하신 주권을 인정하고
용기를 잃지 않고
겸손히 말씀 앞에 순종할 때
하나님 앞에
지혜롭고 선한 청지기가 될 수 있네

# 꿈을 향해

수많은 실패는
성공으로 가는 징검다리입니다

실패를 두려워하지 않는 사람이
사명의 삶을 살아갈 수 있습니다

죽음을 앞둔 사람처럼
오늘 하루 최선을 다해
사명의 삶을 살아가는 사람을
하나님은 찾으십니다

실패자는
실패 속에 그대로 주저앉아
다시 일어나지 않는 사람이요

성공자는
실패를 디딤돌로 삼아
자신의 꿈을 향해
다시 힘차게 일어서는 사람입니다

실패는
하나님이
당신의 신실한 일꾼을 단련시키는
신앙의 훈련장입니다

# 평등합니다

주님 안에서
우리 모두는 평등합니다
교회 안에서
우리 모두는 평등합니다
이 세상에 살아가는
우리 모두는
그리스도 안에서 평등합니다

우리는 다만 그의 몸으로
높고 낮음이 없이
서로 섬기며 사랑하며
서로 도와줘야 할
한 몸의 지체입니다

예수 그리스도만이
우리의 머리가 되십니다
그분의 명령에 따라
움직여야 할 우리는 그의 지체입니다
주님 안에서
우리 모두는 평등합니다

## 돌아보니

돌아보니 모든 것이 주님의 은혜였네
주님이 도우셔서
날 이곳으로 인도하셨네
주님이 내 손을 붙잡고
이제껏 날 이끌어 오셨네

돌아보니 어느 것 하나
주님의 손길 닿지 않은 곳이 없고
주님의 발길 머물지 않은 데가 없네
이 모든 것이 주님의 은혜였네

내가 살아온 인생
내가 걸어온 길
내가 꿈꿔 온 하늘
주님이 매순간마다 날 인도하셨네

내 사랑하는 주님이
내 사랑하는 주님이
날 이곳으로 인도하셨네
내 모든 일 주님이 하셨네
그러므로 내 모든 삶 주님의 것이라

주님 없이는
나 한시 동안도 살 수 없네
그 사랑 앞에
그 은혜 앞에
난 그저 뜨거운 눈물만 흘리고 있네

# 사명의 삶을 살게 하소서

사명의 삶을 살게 하소서
편안하고 안전한 곳에 머물러 있기보다
험난하고 위험해 보일지라도
그 길을 외면치 않고
한 사람을 주님께로 인도하기 위해
내 생명을 드리게 하소서

기뻐하는 자들로 함께 기뻐하고
슬퍼하는 자들로 함께 슬퍼하게 하소서
믿음의 사람은
포기하거나 낙심치 않습니다
눈앞에 가로놓인 장애물과 난관을
넉넉히 이길 힘이
십자가 안에 있음을 믿기 때문입니다

그분을 향한 분명한 믿음이 있고
그분을 푯대로 삼고 살아가는 자만이
넓은 길이 아닌 좁은 길을 향해
담대히 나아갑니다

사명의 삶을 살게 하소서
행함이 없는 믿음은
그 자체가 이미 죽은 것이니
나의 행함으로 내 믿음이
하나님과 이웃들에게
널리 증거되게 하소서

# 가야 할 목적지가 있네

우리에게는 가야 할 목적지가 있네
목적지에 이르렀을 때
영광과 면류관 대신
십자가가 우리를 기다릴지라도
그 길이 하나님의 뜻이라면
담대히 나아갈 수 있는
큰 믿음 갖게 되기를

예수님이 이 땅에 오셔서
걸어가신 길 끝에는
배반과 시련과 고통의 십자가가
기다리고 있었네
하지만 주님은
그 길을 외면치 않으시고
하나님의 뜻이기에 온전히 순종하셨네

나도 내가 원하든 원치 않든
하나님이 원하시는 그곳에
기쁨으로 서기 바라네
핍박과 멸시가 나를 기다려도
하나님이 기뻐하시는 그 일을
내가 기꺼이
지금 행하기 원하네

□ 해설

# 절대가치, 절대신앙의 시학

–신영미 시인의 『꿈꾸는 하늘』 신앙시집 –

이 영 지

(시인 · 문학박사)

## 1. 신앙시와 일반시의 연결

비평가인 노오드라프 프라이는 시의 세계를 묵시적 이미지와 하강적 이미지 그리고 유추적 이미지로 구분하였다. 신영미 시인의 시는 그의 3단계적 기법 중 하나인 순수유추로 접근하고자 한다. 시인은 이 시집의 작품 구분을 '깨어 있으라' '친구가 되어 주셨네' '기름을 준비하라' 등 등가항렬로 연결하여 신학적 삼위일체 이미지에 접근하고 있다.

제1부 '깨어 있으라' 의「아무것도 아닌 것이」「그가 아니면」「내 백성이」등 35편의 시편들은 신앙인으로서의 정체성을 말해주고 있고, 제2부 '친구가 되어 주셨네' 의「내 영혼의 깊은 곳에」「주님께 자기 인생을 거는 자」등 36편의 시들은 세상 속에서의 신앙인의 진지한 삶의 모습을 그리고 있다. 제3부 '기름을 준비하라' 에서는「기름이 없으면」

「교만치 말라」「가야 할 목적지가 있네」등 34편의 시편을 통해 신앙인이 나아가야 할 삶의 방향과 목적지를 제시해 주고 있다. 그 방법은 삼위일체적 무의식이 주는 신앙경험이 뒷받침되어 있다.

시인은 자신의 시편을 통해 직설법적인 과감성을 지닌 시적 남성화자로 자주 등장하고 있다. 시인은 선지자적 목소리를 시에 담아 명령형으로 선포한다.

너는
하나님의 날이 임하기를 바라보고
그날을 간절히 사모하라

–「그날을 사모하라」에서

너는 나를 따르라

–「깨어 있으라」에서

시인의 신앙시집은 직설적 일반 언어 구사로 일반시가 지향하는 은유와 비유를 잠시 감추어 둔다. 그리고 과감하게 세상을 향하여 '그' 곧 절대자의 목소리를 대변한다.

주님의 십자가 내 안에 있는가
예수 그리스도 진정 내 안에 있는가
하나님 내 안에 지금 살아 계신가

–「절대 신앙으로」에서

신영미 시인의 서정성은 그 중에서도 경험유추의 신앙적 차원을 에니마의 일관성으로 촛불을 켠다. 여성의 가냘픈 이미지가 아니라 강하고 직설적인 시어 구성으로 그 강렬함을 초월성으로 유추한다. 형식주의 비평에서 시의 전체와 부분이라는 유기적 관점에서 총괄되고 있는 상호 연결 주제인 시인의 시적 화자는 남성 이미지이다.

그의 시가 신앙시집이 되는 이유는 그 대상이 그이며 곧 님인 절대자인 데 있다. 따라서 표면구조의 강렬한 어조와 내면구조 곧 시의 외연과 내포의 연결고리를 나와 친구와 이웃과 절대자와의 따뜻한 관계로 이어가고 있다.

누군가가 나를 위해 기도해 주고
내가 누군가를 위해 기도하고 있다면
우리는 서로 친구라

– 「친구가 되어주셨네」 에서

그 이름 앞에
나 오늘도
눈물로 엎드리네

– 「날마다」 에서

주여, 나를 도와주소서

– 「다르게 하셨네」 에서

내 영혼의 깊은 곳에
마르지 않는
샘 하나 있네

퍼고 또 퍼올려도
자꾸 샘솟아나는
샘 하나 있네

하나님이
맑고 고요한
샘 하나 내게 주셨네

– 「내 영혼의 깊은 곳에」 에서

내 영혼의 갈망을 풀어주는 그 시적 화자는 간절히 꿈꾸는 하늘이다. 그런데 그것을 전달하려는 대상자 역시 꿈꾸는 하늘이다. 이 연결고리는 꿈꾸는 하늘인 사람과 그 소망을 들어주는 대상, 꿈꾸는 하늘에게가 있다. 동시에 시적 고도의 은유성은 꿈꾸는 하늘이 나일 수 있고 이웃일 수 있고 하나님일 수 있다는 점이다.

이로 보건대 시인이 살아갈 존재 이유가 되고, 삶의목적과 살 소망이 되는 오직 한 가지 이유는, 오직 그가 사랑하는 님이다. 그가 바로 절대자 하나님이시다. 하나님 없이는 단 하루도 살 수 없다는 고백이 이 시집 전체에서 보여주는 일관된 메시지이다. 이렇듯 시인의 사랑하는 님을 향한 간절한 사모의 마음이 그의 시편들 '깨어 있으라' '친구가 되어 주셨네' '기름을 준비하라' 등의 시편들에 잘 녹아 있다.

## 2. 행복 꿈꾸기 문학

이 시집은 사람이면 누구나 고민하는 삶의 문제를 시인 자신이 꿈꾸는 하늘이 되어 꿈꾸는 하늘에게 전하고 있다. 바슐라르가 꿈꾸는 촛불의 미학이기도 하다. 바슐라르의 역동적 상상력의 제4단계는 대상에 대한 절대화, 어떤 시의 대상에 대한 긍정적 절대화이다. 그런데 여기서 시인은 하나님 때문에 이 세상의 모든 것이 존재해야 하고 또 존재한다고 담대히 선포하고 있다.

마치 바슐라르의 행복철학이 환경과 분리될 수 있음을 말해 주듯이, 신영미 시인 또한 자신의 행복을 꿈꾸는 하늘에게로 돌리며 시적 화자로서 그분의 말의 힘을 빌린다. 말의 힘은 신앙의 힘, 곧 시의 힘이라 할 수 있다. 시인의 말의 힘 믿기는 하나님이 천지를 말씀으로 창조하셨으니 우리의 사소한 말 한 마디에도 창조의 능력이 있다는 것이다. 이에 시인은, 인간은 내가 뿌린 말의 열매를 그대로 먹고 살아가는 존재이기에 생명을 주는 말, 소망의 말, 위로의 말, 격려의 말로써 자기뿐만 아니라 타인의 생명을 살릴 수 있는 책임 있는 말을 잘 선택해야 할 것을 권면한다.

> 내가 뿌린 말의 열매를
> 언젠가 내가 그대로 먹고 살아가네
> ........
> 내 삶에 무심코 뿌린
> 말 한마디가
> 너와 내 인생을 만들어가네
>
> -「말의 힘」에서

한국문학에서 바슐라르 이론이 접목되는 순수시로서의 순수유추는 님을 대상으로 한다. 이들 시인으로는 한용운과 박목월과 김영랑과 김상옥 등이 있다. 신영미 시인 또한 신앙시의 순수유추적 님을 하나님으로 하여 문학성을 갖춘 시적 형식을 빌려 신앙시로서의 그 가치를 높이고 있다. 시인이 꿈꾸는 하늘은 또한 하나님이 꿈꾸는 하늘이기도 하다.

일반적으로 인식되는 신앙시가 가지는 문학성 결여 부분을 신영미 시인은 '그'와 '당신'이라는 용어를 적절히 사용하여 님을 친밀하고도 사랑스러운 대상으로 바꾸어 놓는다. 사랑하는 대상 앞에서는 나는 아무것도 아니다. 이 나의 초월성을 제1부 '깨어 있으라'에서 제시하는 「아무것도 아닌 것이」라는 시를 통해 절대자 앞에서의 자신의 정체성을 확인시킨다.

"그가 아니면 난 그 무엇도 되지 못하네"의 사랑 고백을 받는 그, 곧 주님은 시에서 시인의 아주 행복한 시적 대상자이다.

아무것도
아무것도 아닌 것이
나 무엇인 줄 알고 살았네

티끌만도
벌레만도 못한 내가
무엇인 줄 알고 뽐내며
이제껏 살아왔네
........

아무것도
아무것도 아닌 것이
나 무엇인 줄 알고 살았네

– 「아무것도 아닌 것이」 에서

그의 속삭임으로만 나는 나일 수 있고 그가 내 안에 있을 때에야 나는 비로소 이 땅에 존재한다. 문학에서의 가장 큰 핵심은 님이다. 시는 님을 절대화하여 가장 사랑하는 사람 사이에서만 일어날 수 있는 그 시적 달콤함을 가진다. 순수함이 시간과 공간을 초월해서 존재하는 한, 시에서의 님은 시적 화자가 간절히 꿈꾸는 사모의 대상이다.

노오드라프 프라이는 문학의 구조를 상상력의 단순하고도 보편적이 형태의 유사성으로 순수유추 이미지로 파악하였다. 이에 신 시인은 그에 대한 접근을 순수유추로서의 님으로 절대화한다. 이 문학성은 신 시인에게는 절대신앙이 그것이다.

순수시로서의 순수유추인 시집 제목 『꿈꾸는 하늘』 은 가장 높은 하늘 이미지로 하늘에서 내려다봄이 그 위치이다. 그런데 내려다봄이 아니라 하늘 위의 하늘인 상승구조이다. 이 꿈은 히브리어로 '일어서다' 는 의미이다. 따라서 결코 하강 이미지가 아니어서 위로 떠 오르는, 곧 일어서는 이미지이다. 이 꿈꾸는 하늘이라는 시적 은유의 한 의인화 기법이 바로 '님' 인 것이다.

서정시가 가지는 장점은 호소력이다. 신영미 시인의 이 호소력은 일상적인 신앙경험을 통해 일상을 넘어서는 또 다른 세계를 꿈꾸고 있다는 데 있다. 시인의 꿈꾸는 일은 회개에서부터 시작된다.

그가 아니면
난 아무것도 아니고
그가 아니면
난 그 무엇도 되지 못하네

그의 속삭임으로만
나는 나일 수 있고
그가 내 안에 있을 때에야
내가 비로소
이 땅에 존재하게 되네

-「그가 아니면」에서

시인은 시를 통해 "그가 아니면" "난 아무것도 아니고" "난 그 무엇도 되지 못하네" 라고 님에 대한 지극한 사랑의 고백을 드리고 있다. 대상을 향한 이 절절한 고백은 사랑하는 대상의 존재가치를 확인해 주고 있다. '그' 로 하여 세계가 있고, '그' 로 하여 사랑이 있고, '그' 로 하여 삶이 있다는 것이다. 이 하나 됨은 가장 사랑하는 사람 사이에서 언어이다.

### 3. 행복할 수 있는 방법

시에서 대상에게 사랑을 고백하는 방법은 시의 언어를 빌리는 방법이다. 곧 시를 통한 연결이다. 시인은 신앙을 통해 자신이 머무를 곳을 확정한다. 이 회복성을 시인은 아주 먼 길을 돌아서 여기까지 왔다고 시적 화자의 음성을 빌려 고백한다.

아주 먼 길을 돌아서
여기까지 왔네
오래 참고 기다리시는
당신의 사랑이 아니면
올 수 없었던 길
...........

당신의 한없는
그 사랑 때문에
내가 이 자리에 서 있네

–「그 사랑 때문에」에서

신앙인들은 그의 사랑 때문에 살아간다. 일반인들 역시 사랑 때문에 살아갈 이유와 힘을 얻는다. 그런데 신영미 시인의 사랑하는 대상은 일반 시가 가질 수 있는 한계를 뛰어넘는다. 님이 그토록 사랑하는 천하보다 귀한 한 영혼을, 님이 나를 그렇게 사랑하였듯이, 나도 그렇게 한 영혼을 사랑하여 님에게로 인도하기를 간절히 바라고 있는 것이다.

신앙시라는 것은 사랑하는 사람이 원하는 것을 들어주려는 몸짓이라 할 수 있다. 내가 가장 사랑하는 사람이 원하는 것은 무엇이든지 들어주고 싶은 마음이 그것이다. 시인은 자신의 시편들을 통해 님을 단순히 사랑한다고만 고백하고 만족하는 것이 아니라 님이 원하는 것, 님이 꿈꾸는 것, 님이 가장 바라고 소망하는 일을 이루어 드리려는 야심찬 계획을 가지고 있다. 요컨대 천하보다 귀한 한 영혼을 섬기는 일에 삶을 드리고자 하는 의지와 열정과 결단을 보여주고 있는 것이다. 그리고 그것을 당당히 사랑하는 님에게 알린다. 이처럼 시인은 그분이 꿈꾸는 하늘, 즉 우리 모두가 함께 할 그 나라를 오늘도 그와 함께 꿈꾸고 있다.

이 땅 어딘가에
돌아갈 집이 있고
날 찾는 사람이 있고
보고픈 사람이 있고
날 그리워해 줄 사람이 있고
힘들고 외로울 때
함께 울어줄 친구가 있고
때론 내가 누군가의 위로가 되고
사랑하는 소중한 사람이 있고
날 사랑해 주는 사람이 있고
........
분명한 삶의 동기와
삶의 방향과 삶의 목적지가 있고
........
오늘도 영원한 하늘 나라에 대한 소망으로
내가 또 하루를 살고 있다면

–「행복한 사람」에서

시인은 나 혼자만이 사랑하는 이의 집에 머무는 것이 아니라 모두가 함께 공유하는 그 나라를 꿈꾸고 있다. 그렇게 다른 이들과 함께함으로 나는 누가 뭐래도 행복한 사람이라는 것이다.

그 이유는 내 눈물을 웃음으로 바꾸어 주시는 분이거기 계시기 때문이다.

> 나의 염려와 시름을 내려놓고
> 내 삶을 기쁨과 소망으로 띠 띠우실 분은
> 오직 주 예수 그리스도뿐이라
>
> –「바꾸실 분은」에서

어떤 결정적 사건을 이루는 일에서는 항상 매서운 선택이 있어야 한다. 그런데 시인은 이 세상의 가장 값진 무엇과도 당신을 바꾸지 않겠다고 확언하고 있는데, 이는 바슐라르의 촛불 미학론을 따르는 것이다.

> 세상에서 가장 값진 무엇과도
> 당신을 바꾸지 않겠습니다
>
> –「세상의 무엇과도」에서

내게 있는 가장 소중한 것들은 모두다 당신의 것이라는 것이다. 이렇듯 신영미 시인의 시적 가치는 가장 사랑하는 사람과의 사이에서 일어나는 사건을 그대로 실천하는 데 있다. 그는 그 실천 방법으로 연약한 피조물인 자신의 정체성을 통감하고, 그의 사랑하는 님이신 전능하신 창조주의 발 앞에 엎드려 간절히 기도하고 있다.

> 나는 오늘도 간절히 주님께 기도하네
> "주님, 도와주세요. 당신의 살아계심을 보여주세요"
>
> –「내 안에 믿음이 있는가」에서

오늘 하루도
내게 주어진 십자가의 길을
힘을 다해 걸어가고 있는가
주님의 남은 고난을
내 잔에 채우고 있는가

–「십자가를 진다는 건」에서

십자가를 지는 일이 얼마나 어려운지 실감할 수 있는데 그 삶은 바로 내 생명을 그분 앞에 드리는 것이다. 아무리 내가 열심을 다해 그분을 섬긴다 해도 내 열심과 나의 의가 앞선다면 하나님은 그것을 기뻐 받으시지 않는다. 그런데 산제사를 드리는 일의 결과는 누군가가 나를 위해 기도해 주는 일로 이어진다. 기독교는 서로 피를 나눈 형제보다 더 진한 믿음의 공동체로 결속되어 있기 때문이다.

누군가가 나를 위해 기도해 주고
내가 누군가를 위해 기도하고 있다면

–「친구가 되어주셨네」 전문

신영미 시집의 특징은 시적 화자로서 사랑하는 님을 향한 간절한 사모의 대상이 사람이 아닌 절대자 하나님이시라는 데 있다. 시인은 절대자 님을 향해 무한한 사랑을 쏟아내고 있다. 같이 있고 싶고, 늘 바라보기를 원하고, 그분 없이는 단 하루도 살 수 없다는 것이다. 이렇듯 신영미 시인의 발걸음은 언제나 하나님 둘레에 머물고 있다. 마치 예수님이 하나님을 사모하여서 그 주위를 맴돌면서 이에 그치지 않고 더 많은 사람들을 그의 주변으로 모으려고 한 것과 같다.

흔히 인간의 사랑은 그 대상을 혼자만이 차지하고 싶어 하는 것이 특징이다. 그런데 신영미 시인의 신앙시로서의 결정적인 가치는 죽도록 사랑하는 그분께로 수많은 사람들을 인도하려는 데 있다. 이는 사랑하는 님이 가장 기뻐하는 일이기도 하며 동시에 그분의 최고의 기쁨이기 때문이다. 그 기쁨은 시인의 입가에 번지는 작은 미소를 통해 드러난다.

시인은 생명의 소중함을 알고 있고 그 가치를 가장 높일 줄 안다. 그래서 오늘도 생명을 절대 가치로 높이는 따뜻함과 생명에 대한 안타까움과 열정을 시로 담아 노래하고 있는 것이다. 그로 인해 화평이 넘치는 시인의 마음은 늘 평화롭고 하늘에 대한 소망 가운데 입가엔 항상 행복한 미소가 떠나지 않는다. 이것은 신앙시인만이 가질 수 있는 화평이다.

매일매일
소망 가운데
살아가게 하심이 감사하네

– 「감사하네」에서

절대 가치가 점점 희미해지고 사라져가는 이 세상에서 신영미 시인의 신앙시 「꿈꾸는 하늘」은 사랑하는 이의 대상을 절대화함으로 우리 모두에게 다시 희망을 불러일으킨다. 이에 시집을 읽는 모든 이들의 가슴에 깊은 위로와 뜨거운 감동과 새로운 소망의 메시지를 전해 줄 것으로 확신하며 기대한다.

신영미 시집

꿈꾸는 하늘

2012년 11월 15일 인쇄
2012년 11월 20일 발행

지은이 신 영 미
펴낸이 신 용 호
펴낸곳 창조문학사

서울 서대문구 홍은동 397-26 동천아카데미 5층
등록번호 제1-263호
전화 02-374-9011 / FAX 02-374-5217

공급처: 한국출판협동조합 전화 02-716-5619~9



값 8,000원
ISBN 978-89-7734-329-0